FALENA

EX-LIBRIS

El arte de cultivar
una mente abierta

Sexto Empírico

El arte de cultivar una mente abierta

Un manual de sabiduría clásica para
vivir con la serenidad de un escéptico

Título original: *How to keep an open mind*
© Princeton University Press, 2021
© de la traducción del inglés, Jacinto Pariente, 2022
© Ediciones Kôan, s.l., 2022
c/ Mar Tirrena, 5, 08912 Badalona
www.koanlibros.com • info@koanlibros.com
ISBN: 978-84-18223-47-1 • Depósito legal: B-2975-2022
Diseño de cubiertas de colección: Claudia Burbano de Lara
Maquetación: Cuqui Puig
Impresión y encuadernación: Liberdúplex
Impreso en España / *Printed in Spain*

Todos los derechos reservados.
Cualquier forma de reproducción, distribución, comunicación
pública o transformación de esta obra solo puede ser realizada
con la autorización de sus titulares, salvo excepción prevista
por la ley. Diríjase a CEDRO (Centro Español de Derechos
Reprográficos, www.cedro.org) si necesita fotocopiar
o escanear algún fragmento de esta obra.

1ª edición, abril de 2022

ÍNDICE

Agradecimientos ix
Introducción xi
Nota a la traducción xliii

EL ARTE DE CULTIVAR UNA MENTE ABIERTA 1

1. Escepticismo: una visión de conjunto 3
2. Razonamientos listos para usar: los modos 23
3. Pensar y expresarse como un escéptico
   (no como cualquiera) 45
4. Escepticismo y lógica 59
5. Escepticismo y física 75
6. Escepticismo y ética 89

Glosario 99
Galería de personas que aparecen en el texto 105
Notas 111
Lecturas complementarias 123

AGRADECIMIENTOS

Quiero dar las gracias a la institución donde trabajo, la Johns Hopkins University, por haberme concedido un año sabático durante 2019-2020 para preparar el presente volumen (y muchas otras cosas).

Gracias a Rob Tempio y Matt Rohal, editor y editor asociado de filosofía de Princeton University Press, por proponerme participar en la colección Sabiduría Clásica para Lectores Modernos, mi primera incursión seria en lo que hoy en día se denomina «filosofía pública», y por sus consejos y apoyo durante el proceso.

Quiero expresar mi agradecimiento a algunos amigos y familiares no pertenecientes al ámbito académico que han leído el volumen o partes de él mientras lo escribía y han aportado su opinión: Andrew Bett, Colleen Ringrose, Michael Treadway, y sobre todo, a Geri Henchy, por haberme leído en voz alta la primera versión completa mientras la iba desarrollando y por sus numerosos consejos e ideas para facilitar la lectura del texto.

También quiero dar las gracias a dos personas del mundo académico, Michael Walzer (el «muy distinguido politólogo» del que se hace mención en el texto) y Jennifer Lackey, cuyas conferencias, a las que asistí mientras trabajaba en la obra, me han ayudado a redactar la última parte de la introducción, que trata sobre la vigencia actual de las enseñanzas de Sexto Empírico.

Por último, quiero dar las gracias a dos lectores anónimos de la editorial, cuyos inteligentes comentarios me han llevado a efectuar numerosos cambios y mejoras, sobre todo en la introducción.

INTRODUCCIÓN

SEXTO EMPÍRICO Y SU OBRA

Hoy en día por lo general llamamos *escépticos* a las personas con tendencia a dudar, es decir, personas que no están dispuestas a aceptar de buenas a primeras lo que les digan los demás. El escéptico de la antigua Grecia del que nos ocupamos en este libro, Sexto Empírico, tiene sin duda algo en común con ellas, solo que es mucho más testarudo. Dispone de una serie de técnicas listas para usar para asegurarse de no aceptar (ni él ni nadie a quien se le apliquen) nada, o al menos nada que proponga alguien que presume de comprender el funcionamiento del mundo. Para ello, aplica la suspensión del juicio ante cualquier afirmación de ese tipo. El resultado, según él, es que gracias a la suspensión del juicio uno vive menos atribulado y más sereno que los demás. El escepticismo, así, tiene un efecto beneficioso sobre la vida del ser humano. Más adelante nos extenderemos sobre este punto y analizaremos unas cuantas cosas que podemos aprender de esta actitud, así como unas cuantas dificultades con las que podemos encontrarnos. No obstante, comencemos con unas palabras sobre Sexto Empírico y su obra.

Sobre Sexto como individuo no sabemos prácticamente nada, a excepción de que fue médico y que perteneció a la Escuela Empírica, una de las escuelas de pensamiento médico más importantes de su época. Vivió durante el período del Imperio romano, seguramente dentro de su territorio, y lo más probable es que lo hiciera alrededor del 200 d. C., o quizá un poco más tarde, aunque estas fechas son de lo más inciertas. Desconocemos dónde nació y dónde vivió. Sabemos que escribió en griego, si bien el dato no aporta gran cosa, pues en la Roma imperial las clases educadas recurrían frecuentemente a este idioma con propósitos intelectuales. El mismo emperador Marco Aurelio, del que quizá Sexto fuera coetáneo, escribió sus famosas reflexiones personales, las *Meditaciones*, en griego.

La fama de Sexto reside en la gran cantidad de obras suyas que se conservan. Se considera a sí mismo miembro de la tradición pirroniana de la escuela escéptica, cuyos únicos escritos conservados son los de Sexto. La escuela pirroniana se remonta a un oscuro personaje (oscuro *para nosotros*, naturalmente) llamado Pirrón de Elis (*c.* 360-270 a. C.), de quien se dice que acompañó a Alejandro en sus campañas y conoció en India a unos «hombres sabios desnudos» que al parecer fueron una importante fuente de inspiración para su pensamiento. La cuestión de si Pirrón, y por extensión la tradición pirroniana, recibió la influencia del budismo temprano es tan fascinante como controvertida. No obstante, aparte de la influencia histórica, son muchos los lectores de Sexto que perciben afinidades con ciertos aspectos del budismo. Volveremos sobre ello tras analizar algunos detalles.

A pesar de su fama, Pirrón no fundó un movimiento filosófico duradero. Harían falta doscientos años para que otro oscuro personaje, Enesidemo de Cnossos, pusiera en marcha una escuela escéptica que proclamaba a Pirrón como precursor. A esta escuela, probablemente al final de su andadura, pertenecería Sexto. La historia del pirronismo es difícil de reconstruir en detalle porque nuestra evidencia es bastante escasa, un problema común para los investigadores que estudian las culturas antiguas, aunque esto no impide que lo intenten. En el caso de Sexto, sin embargo, este problema no debe preocuparnos, pues muchas de sus obras han llegado hasta nosotros y nos centraremos en ellas en este libro.

Conservamos tres obras suyas, dos de ellas completas y una tercera casi seguro incompleta. La más accesible, y que ocupa la mayor parte de este libro, se titula *Esbozos pirronianos*. Los *Esbozos* (a menudo nos referiremos a la obra de esta manera abreviada) se dividen en tres libros. En la Antigüedad se denominaba «libro» al fragmento de una obra más larga que cabía en un rollo de papiro (*La república* de Platón, por ejemplo, está conformada por diez libros; La *Ilíada* y la *Odisea*, por veinticuatro cada una). El libro I es una introducción general al escepticismo de Sexto; el segundo y el tercero analizan las teorías de otros filósofos (de los que hablaremos más delante) en las tres áreas principales de la filosofía reconocidas en la Antigüedad tardía: la lógica (libro II), la física y la ética (libro III). Además de los *Esbozos*, conservamos dos libros sobre lógica, dos más sobre física y uno sobre ética que forman parte de una obra de mucha más envergadura, que Sexto tituló *Tratados escépticos*, y que casi con toda seguridad también incluían (antes de los libros de lógica) una introducción general al escepticismo, hoy perdida, que trataría los mismos temas que el primer libro de los *Esbozos*. En esta última Sexto nos recuerda a menudo que se dirige a nosotros en forma de «esbozo». Los libros de los *Tratados escépticos* que han sobrevivido nos muestran cómo le gusta proceder al autor cuando no le apremian los problemas de espacio. El efecto puede ser un tanto abrumador, sobre todo para el público no especializado, aunque a veces también para los especialistas (el lector puede creerme: los he traducido todos). En cualquier caso, disponemos, de hecho, de dos versiones de la misma obra, una abreviada y una extensa; los paralelismos y diferencias entre ambas son a menudo muy interesantes.

También ha sobrevivido completo el tratado *Contra los dogmáticos*. En él, el autor critica los postulados teóricos de seis áreas diferentes: la gramática, la retórica, la geometría, la aritmética, la astrología y la música. Sexto no se limita, como vemos, a los temas puramente filosóficos (aunque existan ciertas coincidencias entre esta obra y las otras dos): su crítica se dirige contra todo aquel que afirme ser experto en cualquier campo.

El presente volumen sigue la estructura de los *Esbozos*. Se compone de una selección de los principales pasajes de los tres libros, con mayor atención al primero, más general que los otros dos. He añadido una serie de breves acotaciones en letra cursiva que indican cómo se conectan las partes y de qué tratan los fragmentos no incluidos. Para completar, he añadido algunos breves párrafos de las demás obras de Sexto, que aportan datos interesantes sobre algún tema tratado en los *Esbozos*. Los pasajes seleccionados no exigen, en la medida de lo posible, un profundo conocimiento de la filosofía griega o el mundo grecolatino. No obstante, cuando las circunstancias lo requieren, he incluido una nota con información adicional.

EL ESCEPTICISMO DE SEXTO EMPÍRICO

¿En qué consiste el escepticismo de Sexto? Como decíamos antes, es una técnica, o mejor dicho, una serie de técnicas, para suspender el juicio. El mejor lugar para comenzar a explicarlo quizá sea la primera frase de la primera sección de los *Esbozos*, llamada «¿Qué es el escepticismo?» (I:8):[1] «El escepticismo es la capacidad de establecer oposiciones entre las cosas aparentes y las cosas del pensamiento en cualquiera de sus formas, gracias a las cuales, y a causa de la equivalencia entre las cosas y las razones contrapuestas, en primer lugar suspendemos el juicio y en segundo alcanzamos la serenidad».

En esta breve afirmación observamos tres etapas. Lo primero que hacemos es «realizar oposiciones» sobre algún tema. Tomemos un ejemplo del propio Sexto, la existencia de los dioses. Abundan los puntos de vista acerca de la existencia y características de los dioses. Hay argumentos teóricos a favor y en contra, y también están las intuiciones de la gente normal. Por ejemplo, hay quien afirma haber tenido una experiencia directa de lo divino, mientras que otros sostienen que la experiencia cotidiana no nos da razones para creer en la existencia de fuerza divina alguna. El escéptico recoge todas esas impresiones y argumentos («cosas aparentes y cosas del pensamiento») y los compara entre sí. Dado que hay desacuerdos de todo tipo entre ellos, el resultado es toda una serie de «oposiciones». Cabe resaltar que el escéptico avezado lleva a cabo este proceso de manera que entre los argumentos e impresiones opuestos haya «equivalencia», es decir, que tanto unas como otros nos parezcan igualmente plausibles, sin que haya un lado que parezca tener ventaja sobre el otro. Si esa es la situación, no parece quedar más alternativa que suspender el juicio sobre el tema, que es precisamente la segunda etapa. Si las posturas opuestas están igualadas en cuanto a su poder de persuasión, no sentiremos más inclinación por una que por otra, de modo que no elegiremos ninguna, lo cual se define como suspensión del juicio. Según nos dice Sexto, la suspensión del juicio conduce a la serenidad, que es la tercera etapa.

Dejemos de lado el tema de la serenidad por ahora. Sexto define el escepticismo como una «capacidad»: una capacidad que consiste en alinear las ideas de cualquiera de los puntos de vista opuestos (o de todos) sobre un tema de manera que las razones de uno tengan tanto peso como las de cualquiera de los otros, lo cual conduce de nuevo a la suspensión del juicio. Hemos visto el ejemplo de la existencia de los dioses, pero ¿qué pasaría si aplicásemos el método de Sexto a todo? ¿No quedaríamos paralizados e incapaces de actuar? No cabe duda de que la vida normal nos exige tomar decisiones.

Sexto es bien consciente de ello. Como aclara en varios pasajes de los *Esbozos*, él y sus colegas estoicos tratan, y nos invitan a los demás a hacerlo, de suspender el juicio acerca de cómo las cosas son en realidad. En lo que se refiere a las actividades cotidianas, se conforma con como son las cosas, pues esa es la única forma de vivir una vida normal. Lo que no hace, pero acusa a otros filósofos de hacer, es afirmar categóricamente que conoce la verdadera naturaleza de las cosas. Nos ofrece el ejemplo del sabor de la miel (I:20). La miel sabe dulce, lo cual evidentemente afecta al uso que hacemos de ella. Pero el sabor dulce no nos dice nada acerca de la estructura interna de la miel, es decir, de cómo es la miel en sí misma. Quizá la dulzura forme parte de su verdadera naturaleza (en el mundo antiguo, este era un punto de vista posible), o quizá no; quizá el hecho de que sepa dulce en realidad tenga más que ver con nosotros que con la propia miel (también había puntos de vista que seguían esta línea en la Antigüedad). El escéptico nos invita a suspender el juicio sobre este tipo de cosas después oponer las distintas teorías, igualmente convincentes, sobre el tema.

Sexto denomina *dogmáticos* a aquellos que presumen de conocer la naturaleza real de las cosas más allá de sus apariencias, ya sea en el campo de la física, de la ética o en cualquier otro. Un dogmático es alguien con puntos de vista definitivos acerca de la naturaleza real de las cosas. La palabra griega *dogma* (que aún sobrevive en nuestro idioma aproximadamente con el mismo significado) se refiere a este tipo de puntos de vista definitivos. También la he traducido como «doctrina». El mismo Sexto describe ciertas afirmaciones como «dogmáticas» y con ello también quiere decir «presentadas como puntos de vista definitivos sobre la naturaleza de las cosas». En este sentido, los filósofos no escépticos a los que critica Sexto son todos dogmáticos. Pero también lo es cualquiera que se adhiera a teorías que pretenden ir más allá de la apariencia de las cosas en la experiencia ordinaria y penetrar en su verdadera naturaleza. La división entre filosofía y ciencia no estaba tan clara en tiempos de Sexto como lo está ahora. No obstante, muchos científicos modernos, especialmente los más teóricos, también pecarían de dogmáticos según los estándares de Sexto.

Otro término que Sexto usa mucho en este contexto es *opinión*. Para él, *opinión* (que no es un término extraño a la filosofía griega), es la firme creencia en que algo es de determinada manera, lo cual de nuevo va más allá de lo que es simplemente aparente en nuestra experiencia. Significa más o menos lo mismo que «doctrina», solo que «opinión» abarca no solo los puntos de vista de los filósofos y otros teóricos;[2] en cierto momento, Sexto afirma que la *gente ordinaria* sostiene la «opinión» de que ciertas cosas son buenas por naturaleza, mientras que otras son malas por naturaleza (I:30). En contraste con ello, nos recuerda con frecuencia que, como buen escéptico, él habla «sin opiniones», es decir, que se limita a describir cómo le parecen las cosas, sin llegar a una sentencia sobre cuál es la verdad final del asunto.

¿Qué sucede con la serenidad, el beneficio práctico de todo el sistema filosófico escéptico? La palabra griega que traducimos aquí por «serenidad» es *ataraxia*, un estado de imperturbabilidad o tranquilidad. La idea es que el escéptico es un ser libre de turbación y enojo, de lo cual se deduce que al que no practica el escepticismo lo afligen los enojos y turbaciones. ¿Qué quiere Sexto decir con esto?

Parece haber dos respuestas a la pregunta, una más clara que la otra. La respuesta más clara es la siguiente. Entre los puntos de vista definitivos que la gente tiene sobre el mundo, están los puntos de vista sobre qué cosas son buenas o malas por naturaleza. Como acabamos de ver, los filósofos no son los únicos en tener estas convicciones. Así, si estamos firmemente convencidos de que unas cosas son buenas por naturaleza y otras malas por naturaleza, nos desesperaremos por conseguir o conservar las primeras y evitar o deshacernos de las segundas. Esto nos conducirá sin remedio a un permanente estado de desasosiego y turbación, pues tener lo bueno y desprenderse de lo malo es muy importante. Por el contrario, si no tenemos puntos de vista definitivos sobre lo bueno o lo malo, sino que nos limitamos a seguir nuestras inclinaciones, evitaremos por completo tal agitación, pues tendremos poco o nada que perder, y de esta manera lograremos la serenidad.

Lo antedicho no implica de ninguna manera una existencia egoísta o antisocial. Entre nuestras inclinaciones puede estar perfectamente el deseo de ser amables con el prójimo, sobre todo con las personas cercanas. Sexto, además, dice que las leyes y costumbres de la sociedad en la que vive forman parte de las «apariencias» que guían la conducta del escéptico (I:23-24). Para vivir una vida serena y sin grandes turbaciones la clave es creer que nada tiene una importancia trascendental (como hace quien está convencido de que hay cosas buenas y malas por naturaleza). Sexto reconoce que el escepticismo no nos libra de situaciones desagradables como el hambre o el dolor. Pero incluso en esos casos, dice, el escéptico sale mejor parado, pues creer que el hambre o el dolor son malos por naturaleza nos brinda un elemento extra del que preocuparnos, además del hambre y el dolor de por sí.

Esta es una de las líneas de pensamiento mediante las cuales Sexto nos explica cómo la suspensión del juicio conduce a la serenidad. No obstante, el escéptico aborda mucho más que lo bueno y lo malo. Según veíamos antes, en su definición inicial del escepticismo, Sexto sugiere que a la serenidad se llega por medio de la suspensión del juicio acerca de *cualquier* tema. No explica con claridad los motivos, pero sus objetivos parecen evidentes.

La idea central es que tratar de descubrir la verdad es una tarea tediosa y frustrante. Pensar que el conocimiento otorga serenidad puede sonar lógico, pero lo cierto es que uno parece no alcanzarla nunca. Una y otra vez se nos presentan obstáculos e indicaciones que señalan en direcciones opuestas. Incluso cuando creemos haber descubierto algo en firme, siempre surgen nuevas pruebas que echan por tierra nuestros hallazgos, de modo que jamás podemos permitirnos estar seguros de saber cómo son las cosas. En conclusión, el dogmatismo y la vía del dogmatismo no están en absoluto faltos de problemas. Y sin embargo, Sexto sugiere que cuando nos vemos obligados a suspender el juicio quizá alcancemos la serenidad que perseguíamos simplemente a causa de la cantidad de pruebas contradictorias que existen sobre cualquier cuestión; de pronto, hallar las respuestas no se nos antoja ya tan importante y nuestro nivel de estrés se reduce. Si esto sucede con la frecuencia adecuada, tal vez seamos capaces de abandonar la búsqueda de una vez por todas y comencemos a cultivar por voluntad propia la «capacidad» del escéptico de suspender el juicio acerca de todas las cuestiones en las que se afanan lo dogmáticos. Solo así alcanzaremos por fin la serenidad.

La suspensión del juicio nos libera además de ciertos tipos de traumas emocionales. El primero es el trauma asociado con la convicción acerca de ciertos puntos de vista (acerca de lo bueno y lo malo); el segundo es el trauma asociado con la incapacidad de estar de acuerdo con ningún punto de vista (acerca de la verdadera naturaleza de las cosas de forma general) y el deseo fervoroso de estarlo. Si bien ambos son por completo distintos (y hasta cierto punto, opuestos), Sexto no se esfuerza gran cosa en desentrañarlos, lo cual es francamente sorprendente. De todas formas, no es difícil deducir de dónde procede la creencia de que la suspensión del juicio conduce a la serenidad. La serenidad y la liberación del esfuerzo que la acompaña es lo que los lectores actuales suelen relacionar con el budismo.

La visión general del escepticismo que hemos perfilado aquí aparece sobre todo en el libro I de los *Esbozos*, especialmente en las páginas introductorias que hemos recogido en el capítulo primero, titulado «Escepticismo: una visión de conjunto».[3] Los otros dos libros de los *Esbozos* y el resto de la obra de Sexto que conservamos tienen el objetivo de producir la suspensión del juicio en muchos otros asuntos.

QUÉ ENSEÑANZA PODEMOS EXTRAER DE LO ANTERIOR

Hasta ahora hemos intentado explicar los fundamentos del escepticismo de Sexto con una mirada favorable, pero sin tomar partido. Aunque quizá algunos académicos no estarán de acuerdo con ella, la explicación que hemos ofrecido se encuadra perfectamente en la idea general que el público tiene del pensamiento del autor. Pero ahora ocupémonos de otro asunto: ¿puede el escepticismo representar una forma válida de pensar para nosotros hoy?

Desde mi punto de vista, podemos albergar dudas sobre dos de las tres etapas que hemos identificado al principio de la introducción. En primer lugar, cabe preguntarse si es realista creer que la suspensión del juicio conduce a la serenidad. La respuesta, creo yo, es que depende. Depende de las circunstancias y del temperamento de cada individuo. Según mi parecer, esto es aplicable a las dos explicaciones de Sexto. Comencemos en primer lugar por el trauma que causa la creencia de que las cosas son buenas o malas por naturaleza. Todos conocemos a personas que se toman las cosas demasiado en serio, es decir, dan una importancia desmedida a cosas que a la mayoría no nos parecen tan importantes. Esas personas vivirían con mayor serenidad si no estuvieran tan convencidas de la importancia de esas cosas. No obstante, es indudable que también hay personas cuyas firmes convicciones morales, entre las que se incluye un sentido meridiano de la importancia intrínseca de ciertas cosas, les marcan el rumbo y les proporcionan una serenidad que no tendrían si carecieran de ellas.

En cuanto a la segunda explicación, centrada en el trauma producido por los intentos de descubrir la verdad, de nuevo podemos imaginar a un estudioso tan frustrado con su investigación que solo pueda alcanzar la serenidad abandonándola por completo. Sin embargo, también podemos imaginar a una persona tan inmersa en una investigación que su serenidad interior provenga precisamente de la sensación de estar haciendo todo lo posible por hallar las respuestas, tanto si el proyecto tiene éxito como si no, y que quedaría destrozada si tuviera que abandonarla justo en el momento en que suspendiera el juicio (tal y como esperaba, tan solo temporalmente) entre dos alternativas opuestas.

No es difícil ampliar estos ejemplos o incluso inventar otros nuevos, pero en todo caso el mensaje está claro. Es perfectamente posible que en ciertas cuestiones la suspensión del juicio conduzca a la serenidad. Sin embargo, la afirmación de Sexto de que la suspensión del juicio es la única vía segura y fiable para la serenidad resulta difícil de aceptar.[4] No estoy de acuerdo en que se trate de un problema de diferencia entre su época y la nuestra. Si bien es cierto que los críticos del escepticismo (que los hubo, y muchos) no se centraron, que sepamos, en esta característica particular de la corriente pirroniana, soy del parecer de que, dadas las creencias habituales de la época, esta crítica les habría parecido tan válida entonces como a nosotros ahora.

Volvamos por un momento a la etapa anterior. Dejando de lado sus beneficios, cabe preguntarse si es realista creer en la posibilidad de aplicar la suspensión del juicio a todas las cuestiones relacionadas con la verdadera naturaleza de las cosas. En este punto sí que creo que existe una diferencia entre nuestra época y la de Sexto. Con todo el respeto a las hazañas del Imperio romano en el campo de la ingeniería, que fueron considerables, no me parece descabellado afirmar que los conocimientos científicos de la época de Sexto eran casi inimaginablemente primitivos en comparación con los de la actualidad, y ello producía que ciertas discusiones sobre el funcionamiento del mundo terminaran sin resolverse. Por poner un ejemplo al que el propio Sexto alude (I:147, capítulo 2): ¿Es atómica la estructura básica de la materia o es, por el contrario, uniforme y continua hasta el nivel microscópico? En su día hubo partidarios de ambos puntos de vista, que, si bien defendieron sus ideas con razones sofisticadas, carecían de argumentos irrefutables. Dada la falta de técnicas experimentales, lo único que tenían a su disposición eran argumentos abstractos. En semejantes circunstancias, no es difícil comprender por qué la suspensión del juicio era un resultado posible o incluso lógico.

Cuestiones como estas no tienen cabida en la actualidad. Hoy disponemos de un *corpus* de conocimientos científicos enorme e irrefutable. Naturalmente, quedan numerosos interrogantes sin resolver en la frontera de la ciencia, así como ciertos ámbitos en los que no existe este tipo de conocimiento asentado, y donde, al menos en muchas cuestiones centrales, la norma sigue siendo el debate infinito e irresoluble. Los ejemplos más evidentes son, quizá, la ética y la política. Por lo tanto, no creo que hayamos superado la etapa en que la suspensión del juicio era una opción razonable. Lo que quiero decir es que no está disponible en una escala tan amplia como en tiempos de Sexto Empírico. Incluso entonces, uno se pregunta si en aquella época hubo temas en los que los argumentos eran mucho más sólidos en un lado que en el otro, de tal forma que la suspensión del juicio era difícil de lograr sin engañar hasta cierto punto al público o engañarse a uno mismo. Con todo, la ambición de una suspensión total del juicio no es ni remotamente posible hoy en día. Hemos adquirido demasiados conocimientos.

¿En qué punto nos hallamos, pues? Según hemos visto, la suspensión del juicio tiene sentido en ciertos ámbitos, pero sin duda no en todos. Y quizá en ciertas ocasiones conduzca a la serenidad, pero no siempre. Ya no podemos permitirnos adoptar la perspectiva de Sexto con la amplitud que él pretendía. Pero eso no quiere decir que no podamos aplicar su estrategia de un modo más modesto. Suspender el juicio es muy oportuno en ciertas ocasiones. E incluso a veces es útil para atenuar nuestra ansiedad. Lo único que hay que hacer es identificar los límites del método.

Además, también creo que, aunque no sean las que él pretendía, Sexto Empírico tiene más enseñanzas que ofrecernos. A pesar de que la expresión «cultivar una mente abierta» no aparece nunca en su obra, he decidido usarla como título del libro porque creo que es algo que Sexto puede enseñarnos a hacer. Sexto nos ofrece un ejemplo, quizá un tanto extremo, de cómo estar siempre dispuestos a considerar los puntos de vista opuestos y no aferrarnos a respuestas definitivas mientras queden argumentos en el otro lado. Como se verá en el texto, el autor califica a sus oponentes dogmáticos de «temerarios». El ejemplo de Sexto puede ayudarnos a protegernos de la «temeridad», es decir, del vicio de sacar conclusiones apresuradas.

En realidad, las cosas son más complejas. No quiero dar a entender que el propio Sexto fuera una persona de mente abierta. Una persona de mente abierta es alguien que se esfuerza por alcanzar un punto de vista claro e imparcial sobre un asunto a la luz de la información relevante. Semejante actitud incluirá sin duda el deseo de evitar las conclusiones temerarias, pero no la ambición de evitar todas las conclusiones, que es lo que Sexto se propone con su método de suspensión del juicio (y posterior serenidad) en todos los ámbitos. Por el contrario, una persona de mente abierta otorgará la debida consideración a todas las partes de la discusión y extraerá las conclusiones adecuadas. En ciertas ocasiones, el estado de las pruebas no lo permitirá, y la persona de mente abierta recurrirá sin miedo a la suspensión del juicio. Pero en otras, tras cuidadosa consideración, una respuesta parecerá más cierta que las demás y, en ese caso, la persona de mente abierta no dudará en sacar la conclusión adecuada, reconociendo, por supuesto, que su punto de vista podría cambiar si apareciera nueva información o nuevas perspectivas. En otras palabras, la persona de mente abierta tiene como objetivo encontrar el punto de vista más razonable sobre el asunto en cuestión. Y esto no se parece en nada al método de Sexto de la suspensión del juicio.

El hecho de que Sexto no sea precisamente un modelo de apertura de mente no quiere decir que sus escritos no nos estimulen a abrir la nuestra. En este punto es donde mis anteriores reservas cobran relevancia. Si no podemos contar con la suspensión del juicio como vía para alcanzar la serenidad, y si hoy en día manejamos demasiados conocimientos como para que una suspensión del juicio *universal* sea plausible, entonces la primera etapa del método de Sexto, la realización de «oposiciones», cobra un nuevo significado. Considerar igualmente plausibles[5] todos los argumentos de un tema conduce a veces a la suspensión del juicio (y quizá incluso dé como resultado la serenidad). Otras veces, sin embargo, dado el actual estado del conocimiento, un punto de vista nos parecerá más cierto que el resto, al menos de momento. Llegaremos así a un estado muy parecido a la apertura de mente que esbozábamos en el párrafo anterior. Por lo tanto, aunque Sexto

Empírico no fuera precisamente un apóstol de la apertura mental, quien se acerque a sus escritos con ánimo benevolente y al mismo tiempo crítico percibirá al menos que el autor le invita a abrir la mente.

En este mundo en que con tanta frecuencia parece que no hay dato ni hecho libre de manipulación, quizá la invitación de Sexto no esté fuera de lugar. Tomemos como ejemplo las veces en que se ha demostrado que una sentencia judicial estaba equivocada, a veces incluso después de que el condenado haya pasado décadas en prisión, o se le haya aplicado la pena de muerte. Quizá estos errores serían menos comunes si los tribunales aplicasen con más rigor el principio *in dubio pro reo*. Sin duda el lector recordará casos en que los diversos personajes públicos o medios de comunicación informan de los hechos de formas completamente distintas, a menudo con el fin de cumplir con determinados programas políticos o ideológicos. Quienes deseen crearse una opinión constructiva y abierta del mundo que les rodea deben reunir información de tantas fuentes como les sea posible y contrastarla con tanta precisión como puedan.

Naturalmente, debido a los distintos juicios de valor de las personas implicadas en el asunto, incluso si hay acuerdo en lo tocante a los hechos, aún puede existir discrepancia acerca de cómo tratarlos. Como decíamos antes, los debates éticos y políticos rara vez se resuelven, y es precisamente en estos ámbitos (a diferencia de las ciencias naturales) donde el método de Sexto de la suspensión del juicio parece más recomendable desde un punto de vista puramente intelectual. Sin embargo, este es un lujo que a menudo solo pueden permitirse quienes no tienen que enfrentarse directamente con problemas éticos o políticos reales. Por este motivo, a los escépticos se les considera a menudo parásitos que viven en una torre de marfil desde la que pueden permitirse el lujo de suspender el juicio, pues no tienen que enfrentarse a situaciones de toma de decisiones e implicación social verdadera, es decir, de redacción de leyes y puesta en práctica de políticas, de creación de argumentos que las justifiquen o refuten, etcétera. En otras palabras, el escepticismo solo es posible en el seno de una sociedad en pleno funcionamiento, pero una sociedad solo puede funcionar plenamente si la mayoría de la población *no* practica el escepticismo.

Los contrarios a esta crítica aducen que el escepticismo es una potente vacuna contra el fanatismo y un generador de tolerancia política. También discuten la imagen del escéptico como figura pasiva situada en los confines de cualquier problema. Nada hay, afirman, que impida al escéptico contribuir a causas éticas y políticas siempre y cuando no presuman de conocer su verdad última.

Desde mi punto de vista, hay algo de razón en ambas posturas. Una vez más, creo que podemos aprender de Sexto, siempre y cuando no nos tomemos al pie de la letra y sin reservas su escepticismo. Supongamos que estamos de acuerdo con la importancia fundamental de vivir en una sociedad democrática compuesta por personas de distintas creencias, y no bajo un régimen dictatorial que elimina o encarcela a los disidentes. Esta postura implica ya de por sí un profundo compromiso ético, no una toma de partido tan solo accesible al tipo de escéptico que define Sexto. Si aceptamos este crucial punto de partida (como doy por hecho que lo hará la gran mayoría de los lectores de este libro), volveremos a encontrar validez real en la versión de la apertura de mente que hemos descrito hasta el momento.

En un encuentro sobre los ataques que sufren las normas democráticas en la actualidad al que asistí recientemente, escuché a un distinguido politólogo que defendía que la democracia prospera con la discusión sin fin. La democracia no consiste en gritar al oponente desde posturas inamovibles (que es lo más habitual hoy en día), sino en tratar de comprender sinceramente las ideas que no coinciden con las nuestras e intentar convencer a los que no están de acuerdo con nosotros, estando al mismo tiempo dispuestos a modificar nuestros puntos de vista. Es muy posible que no nos dejemos convencer y que nunca convenzamos a nadie (y que haya que someter el asunto a votación), pero tomarse en serio otros puntos de vista y mantener la conversación permanentemente abierta son pasos importantes para cimentar una cultura democrática sana. En contraste, los regímenes autocráticos no soportan el debate continuado y hacen lo posible por reprimirlo. Si esta imagen nos parece convincente, el arte de cultivar una mente abierta que he expuesto en esta introducción, que no es idéntico al de Sexto pero se inspira en él, encaja mejor en un sistema democrático que en cualquiera de sus alternativas.

De nuevo, el método de Sexto nos resultará útil solo si no nos lo tomamos al pie de la letra y le concedemos el valor que merece. En conclusión, si Sexto Empírico puede servirnos de modelo, quizá sea como ejemplo de voluntad de considerar todos los lados de cualquier cuestión y de no juzgar nada de manera apresurada, lo cual sin duda nos resultará muy útil dado el actual estado del mundo.

NOTA A LA TRADUCCIÓN

El presente volumen contiene una antología de la obra de Sexto Empírico. La mayor parte de la selección proviene de los *Esbozos pirronianos*, y el libro sigue *grosso modo* la estructura de los *Esbozos*. La división en seis capítulos y sus títulos son míos. Los encabezamientos de las secciones dentro de cada capítulo son de Sexto, o al menos no hay razón para pensar que no lo sean. En el manuscrito original las secciones están numeradas y lo habitual es que en las traducciones vengan señaladas en números romanos. No obstante, ya que los utilizo en contadas ocasiones para referirme a ciertos pasajes y que no siempre serán consecutivos, dado que el libro es una antología, he decidido omitirlos para simplificar. Lo que utilizo como referencias son los números que marcan los párrafos del texto, normalmente no más de una frase o dos, que están incluidos por todo el libro. Comienzan en (1) al principio de cada libro de los *Esbozos* (y cada una de las demás obras de Sexto).

Las breves acotaciones en cursiva son adiciones mías. Ofrecen información sobre las partes omitidas en la selección. En estos casos, un vistazo rápido a los números de sección en dos pasajes consecutivos da una idea de cuánto se ha omitido. Además, en los pasajes seleccionados omito ocasionalmente algún trozo en el que el material es excesivamente técnico u oscuro y no aporta gran cosa a la línea principal de pensamiento; los puntos suspensivos marcan estas omisiones. Una vez más, un vistazo a los números de sección proporciona una idea de lo que falta. Algunas veces no hay interrupción en la secuencia numérica y otras lo omitido es más largo.

Excepto algunos breves extractos de otras obras de Sexto, los capítulos 1 y 2 y la mayor parte del 3 proceden de los *Esbozos*. El final del capítulo 3 y todo el 4 proceden del libro II. Los capítulos 5 y 6, por su parte, proceden del libro III. En todos los casos, el orden de mi selección de los *Esbozos* respeta el de Sexto (tal y como se menciona en las acotaciones en cursiva). Así, las secciones numeradas siguen tres secuencias crecientes, con interrupciones para los pasajes omitidos, excepto, de nuevo, para los extractos de otras obras, que tienen numeración propia sin relación con la numeración de los *Esbozos*. Las acotaciones en cursiva y las notas incluyen referencias ocasionales a otros pasajes del libro. Se indican con números de sección (por ejemplo «[45]») si la referencia es a un pasaje procedente del mismo libro de *Esbozos*, y por libro y número de sección (por ejemplo «II:45») si remite un pasaje procedente de otro de los libros de *Esbozos*. Las referencias a otras obras de Sexto (si bien son muy pocas) son también a libro y número de sección, pero van precedidos de «*M*» (que es básicamente una abreviatura del título en griego; prefiero ahorrar los detalles al lector): *M* I-VI para los seis libros de *Contra los dogmáticos*, *M* VII-XI para los cinco libros de los *Tratados escépticos* que se conservan.

El libro incluye un glosario que explica unos cuantos términos importantes, y una galería de personajes históricos y escuelas de pensamiento con una breve explicación. En el texto están marcados con un asterisco [*] la primera vez que aparecen; sin embargo, muchos de ellos aparecen varias veces a lo largo del libro.

He utilizado la edición de los *Esbozos* de H. Mutschmann, revisada por J. Mau (Teubner, Leipzig, 1958, publicada en formato analógico y digital por De Gruyter). Para los extractos de otras obras, los textos griegos de la propia colección de Teubner, el lector puede consultar la sección de Lecturas recomendadas. Una edición de un texto griego es la mejor opción para acercarse a las palabras originales del autor. Existen numerosos manuscritos de las obras de la mayoría de los autores (Sexto incluido). Se trata de copias de copias de copias del original y siempre hay discrepancias menores entre ellos (a veces no son tan menores). En este sentido, Sexto ha tenido más fortuna que muchos otros autores grecorromanos. No obstante, siempre hay lugar para el desacuerdo sobre lo que decía en realidad el texto original, y en algunas ocasiones he variado (y señalado en el texto en griego) algunas traducciones de la edición de Mutschmann y Mau. En estos casos, lo he señalado con el signo [+].

Esta traducción pretende hacer la filosofía de Sexto Empírico accesible a los lectores de nuestro idioma y mantenerse fiel al original griego al mismo tiempo. A pesar de que evito todo lo posible los pronombres masculinos para referirme al colectivo, no he querido eliminar el fenómeno equivalente en la obra de Sexto. La lengua griega clásica muestra un evidente sesgo hacia lo masculino y Sexto (como todos sus coetáneos) es fiel a la convención. No es imposible que hubiera mujeres escépticas, pero no nos ha llegado noticia de ninguna, aunque sí conocemos de la existencia de unas cuantas filósofas en la Antigüedad tardía. Sin embargo, cuando Sexto se refiera de forma general al «escéptico» o a una persona genérica en otro contexto, recurre siempre al género masculino y fingir lo contrario sería una tergiversación. Espero que nadie se sienta ofendido por ello.

EL ARTE DE CULTIVAR
UNA MENTE ABIERTA

1

ESCEPTICISMO: UNA VISIÓN DE CONJUNTO

En el principio del libro I de los Esbozos pirronianos *Sexto ofrece una visión general del escepticismo que incluyo aquí completa, excepto una pequeña omisión de la sección [7].*

LA DIFERENCIA BÁSICA ENTRE LOS DISTINTOS MÉTODOS FILOSÓFICOS

[1] Supongamos que comenzamos a investigar un tema. Lo más probable es que el resultado sea: a) descubrimos algo; b) aceptamos no haber descubierto nada y admitimos que la materia no es aprehensible;* o c) seguimos investigando. [2] De

la misma forma, en las investigaciones filosóficas están quienes presumen de haber descubierto la verdad, quienes declaran convencidos que la verdad es inaprehensible y quienes continúan investigando. [3] Así, a quienes creen haberla descubierto, por ejemplo, Aristóteles,* Epicuro,* los estoicos* y algunos otros, se les denomina dogmáticos; Clitómaco,* Carneades y otros académicos,* por su parte, afirman que la verdad es inaprehensible, y los escépticos son aquellos que siguen en la brecha. [4] Por lo tanto, tiene sentido decir que existen tres métodos filosóficos: el dogmático,* el académico y el escéptico. De los dos primeros ya se ocuparán otros. En esta obra nosotros esbozaremos el enfoque escéptico con la siguiente advertencia: no insistiremos* en que nada de lo que aquí se trate sea definitivamente como decimos; por el contrario, analizaremos las cosas según lo que nos resulte evidente a medida que investigamos.

LOS MODOS DE EXPLICACIÓN
DEL ESCEPTICISMO

[5] En la filosofía escéptica hay dos modos de explicación, el «general» y el «específico». En el primero exponemos las características del escepticismo, su definición, sus principios, sus argumentos, su criterio y su finalidad. Explicamos los distintos modos de suspender el juicio, las expresiones y fórmulas escépticas y las diferencias entre el escepticismo y los sistemas filosóficos próximos a él. [6] En el segundo, discutimos cada parte de la llamada filosofía.

Comencemos por el modo de explicación general, analizando los nombres que recibe el enfoque escéptico.

LAS DENOMINACIONES DEL ESCEPTICISMO

[7] Del enfoque escéptico se dice que es *investigativo* por su empeño en investigar y observar; *sus-*

pensivo por la actitud que genera en el investigador (...). Y *pirroniano* porque creemos que Pirrón* estudió el escepticismo más a fondo que cualquiera de sus predecesores.

¿QUÉ ES EL ESCEPTICISMO?

[8] El escepticismo es la capacidad de establecer oposiciones entre las cosas del mundo, es decir, lo aparente, y las cosas del pensamiento, es decir, lo pensado, en cualquiera de sus formas, gracias a las cuales, y a causa de la equivalencia entre los objetos y las razones contrapuestas, en primer lugar suspendemos el juicio y en segundo, alcanzamos la serenidad.*

[9] El término *capacidad* significa lisa y llanamente «ser capaces». Cuando hablamos de «lo aparente» nos referimos a aquello que perciben los sentidos. «Lo pensado» se define por oposición a ello. La expresión «en cualquiera de sus formas», referida al pensamiento, está relaciona-

da o bien con la capacidad (según la definición sencilla que acabamos de dar del término), o bien con «establecer oposiciones entre lo aparente y lo pensado», pues los modos de oposición son muy variados (no solo oponemos cosas aparentes con cosas del pensamiento, sino que a veces establecemos oposiciones entre cosas aparentes y a veces oponemos cosas del pensamiento entre sí), de ahí el matiz.

También añadimos la expresión «en cualquiera de sus formas» a «lo aparente» y «lo pensado» para indicar que no estamos investigando *cómo* las cosas aparentes se hacen perceptibles a los sentidos ni *cómo* las cosas del pensamiento se forman en la mente, sino que las entendemos de manera sencilla.

[10] El término *oposición* no tiene aquí el sentido de afirmación y negación, sino simplemente el de «proposiciones enfrentadas». Por «equivalencia» entendemos que las proposiciones enfrentadas son iguales en cuanto a su credibilidad y ninguna es superior a las demás. La «suspen-

sión del juicio» se produce cuando detenemos el pensamiento y no nos colocamos a favor ni en contra de nada. La «serenidad» es un estado de imperturbabilidad y bienestar del alma. Cuando hablemos de los fines del escepticismo,[1] trataremos sobre cómo la suspensión del juicio conduce a la serenidad.

EL FILÓSOFO ESCÉPTICO

[11] Al definir el escepticismo hemos definido también al filósofo pirroniano como la persona que participa de esa «capacidad».

LOS PRINCIPIOS DEL ESCEPTICISMO

[12] El escepticismo nace del deseo de serenidad. Las personas inteligentes, angustiadas por la confusión que reina entre las cosas y no sabiendo en qué confiar, decidieron investigar qué es la verdad

y qué la falsedad con la vana esperanza de que ello las condujera a la serenidad. Sin embargo, el principio fundamental del escepticismo es que a cada proposición se le opone otra equivalente, y así es como los escépticos hemos aprendido a no aferrarnos a dogmas o doctrinas.*

¿ES EL ESCÉPTICO UN DOGMÁTICO?

[13] Cuando decimos que el escéptico no es un dogmático, no usamos la palabra *dogma* (o doctrina) en el sentido cotidiano de «estar de acuerdo con algo»,[2] pues el escéptico no niega las reacciones que le imponen las apariencias* (por ejemplo, al sentir calor o frío no dirá «creo que no siento calor o frío»). Dogma o doctrina tiene aquí el significado de «estar de acuerdo con cosas no evidentes de las que se ocupa la ciencia», pues el pirroniano no acepta lo que no es evidente.

[14] El escéptico no dogmatiza ni cuando recurre a fórmulas típicamente escépticas como

«nada es más [que otra cosa]»,[3] «yo no determino nada» u otras de las que hablaremos más adelante.

El dogmático afirma categóricamente la realidad de aquello sobre lo que dogmatiza, pero el escéptico no establece que esas fórmulas sean una realidad absoluta, pues da por hecho que del mismo modo que fórmulas como «todo es falso» o «nada es verdad» incluyen su propia falsedad o falta de veracidad, así también una fórmula como «nada es más [que otra cosa]» implica que ella misma «no es más» que su contraria, y por ello se pone entre paréntesis* con las demás. Lo mismo puede decirse de las restantes fórmulas escépticas.

[15] Por lo tanto, si, como vemos, el dogmático establece como real aquello que considera dogma, mientras que las premisas del escéptico están formuladas de tal manera que se ponen entre paréntesis a sí mismas, no es lícito decir de él que dogmatiza al exponerlas. No obstante, lo fundamental es que al formular esas premisas el escéptico no hace más que expresar lo que le re-

sulta aparente y exponer sin opiniones* ni afirmaciones categóricas* lo que piensa de los objetos del mundo.

¿PERTENECE EL ESCÉPTICO A UNA ESCUELA DE PENSAMIENTO?

[16] Algo parecido sucede con la cuestión de si el escéptico pertenece a una escuela de pensamiento. Si definimos «escuela de pensamiento» como la aceptación de una serie de dogmas que son coherentes entre sí y con las cosas aparentes,* y «dogma» como acuerdo con asuntos no evidentes, no nos queda más remedio que concluir que el escéptico no pertenece a ninguna.

[17] Pero pertenece a una si definimos escuela de pensamiento como un enfoque que obedece a cierto razonamiento acorde con lo aparente, que además nos enseña a vivir de forma correcta («de forma correcta» no se entiende aquí tan solo como virtud, sino en sentido estrictamente literal) y se

orienta a la capacidad de suspender el juicio. Y es que, en efecto, los escépticos seguimos una forma de pensar acorde con lo aparente que nos enseña a vivir conforme a las tradiciones de nuestros antepasados, las leyes, la cultura y nuestras propias reacciones.

¿ES EL ESCÉPTICO UN FILÓSOFO NATURAL?

[18] Algo parecido podemos decir sobre la cuestión de si el escéptico se dedica a la filosofía natural. Los escépticos no nos dedicamos a la filosofía natural con el fin de formular afirmaciones categóricas sobre cosas que esta disciplina considera dogmas. Nos dedicamos a ella con el objeto de ser capaces de oponer a toda proposición otra equivalente y alcanzar la serenidad. Este mismo enfoque es el que aplicamos a la lógica y a la ética en el ámbito de lo que se entiende por filosofía.

¿NIEGAN LOS ESCÉPTICOS LO APARENTE?

[19] Los que dicen que los escépticos negamos lo aparente no han prestado atención a nuestras palabras. Nosotros no negamos la existencia de las cosas que, debido a una apariencia pasiva y sin mediar nuestra voluntad, nos conducen al acuerdo, según decíamos antes.[4] Cuando investigamos si el objeto real se corresponde con sus apariencias, aceptamos que las apariencias existen, y en ese caso ya no investigamos lo aparente, sino lo que se piensa de lo aparente, lo cual es algo completamente distinto.

[20] Pongamos un ejemplo. El sabor de la miel nos parece dulce. En esto podemos estar de acuerdo, pues percibimos el dulzor con los sentidos. El escéptico, sin embargo, investigará si la miel *es* dulce por naturaleza (es decir, si su ser se corresponde con sus apariencias) en lo que respecta al razonamiento,[5] lo cual no es lo aparente sino lo pensado. Y además, incluso cuando planteamos discusiones sobre las cosas aparentes, no lo hace-

mos con la intención de negar su existencia, sino para poner de manifiesto la arrogancia de los dogmáticos. Y es que si un razonamiento es tan engañoso que niega la existencia de las cosas aparentes que tenemos delante de nuestros propios ojos, debemos considerarlo poco sólido y no aplicarlo a lo no evidente; de ese modo evitaremos la arrogancia.

¿QUÉ CRITERIO SIGUE EL ESCEPTICISMO?

[21] Los escépticos estudiamos lo aparente, como queda claro en lo que decimos acerca del criterio del enfoque escéptico.

El término *criterio* tiene dos sentidos: en primer lugar, significa «creencia», cuando investigamos la realidad o irrealidad de algo (volveremos a esto cuando tratemos los contraargumentos);[6] y en segundo, significa «actuar», y sirve para decidir qué hacer y qué no en la vida. Este segundo sentido del término es el que estamos tratando ahora.

[22] Así, diremos que el criterio del enfoque escéptico es lo aparente, término que aquí se refiere a las apariencias (es decir, a la percepción de las cosas por medio de los sentidos). Dado que lo aparente es una reacción, es decir, una sensación involuntaria, no está sujeto a la investigación. En otras palabras, no se trata de discutir si el objeto real *se percibe* de una u otra forma. Lo que se discute es si el objeto *es* como se percibe.

[23] Por lo tanto, los escépticos cumplimos con las exigencias vitales sin opiniones y atendiendo a lo aparente, pues no podemos estar completamente inactivos. Estas «exigencias vitales» tienen cuatro aspectos: uno está relacionado con el instinto natural, otro con la necesidad de nuestras reacciones, otro con la transmisión de las leyes y costumbres y otro con la enseñanza de las artes y oficios.

[24] Según el instinto natural, los seres humanos somos capaces de pensar y percibir por naturaleza; según la necesidad de nuestras reacciones, el hambre nos mueve a alimentarnos y la sed a

beber; según la transmisión de las leyes, consideramos bueno ser diligentes y malo ser negligentes en lo tocante a nuestra vida;[7] según la enseñanza de los oficios, no permanecemos inactivos en las artes y oficios que aprendemos. Por supuesto, los escépticos tratamos todos estos temas sin opiniones.

¿CUÁL ES LA FINALIDAD DEL ESCEPTICISMO?

[25] A continuación habría que hablar de la finalidad del enfoque escéptico. La finalidad es «el motivo por el cual se hacen o se consideran todas las cosas»; en otras palabras, «donde termina lo que se desea». Conviene señalar que ese motivo inicial no tiene un motivo en sí mismo. Hasta ahora hemos establecido que el objetivo del escéptico es la serenidad en lo tocante a las opiniones y la reacción moderada ante lo inevitable.

[26] Pues en su afán por alcanzar la serenidad, el escéptico comenzó a filosofar con la finalidad de distinguir qué apariencias eran verdaderas y

cuáles falsas, lo cual lo condujo a una disputa entre razonamientos equivalentes. Como era imposible de resolver, decidió suspender el juicio y al hacerlo alcanzó como por azar la serenidad en lo tocante a las opiniones.

[27] La persona que sostiene la opinión de que hay cosas buenas y malas por naturaleza vive en una angustia continua y cuando no logra lo que considera bueno, cree vivir perseguido por lo que considera malo por naturaleza y se afana sin fin en lograr las cosas (que cree) buenas. Pero cuando las consigue se apodera de él una angustia aún peor, porque es presa de un nerviosismo fuera de toda razón y medida y porque, temiendo el cambio, hace lo imposible por no perder lo que considera bueno.

[28] Por el contrario, el que no se define sobre la bondad o maldad natural de las cosas no persigue ni rechaza nada con exceso y ello le brinda la serenidad.

Lo que le sucedió al filósofo escéptico es lo mismo que se cuenta del pintor Apeles, que solo consiguió representar la espuma de la boca del caballo que estaba dibujando cuando, enfurecido tras varios intentos infructuosos, arrojó contra la figura la esponja con la que limpiaba los pinceles, que, al golpear el cuadro, creó la imagen de la espuma que tanto se le resistía al artista.

[29] También los escépticos intentaron alcanzar la serenidad sistematizando la incoherencia entre lo aparente y lo pensado, pero como no lo conseguían, decidieron suspender el juicio y, al hacerlo, descubrieron como por azar que la serenidad acompaña a la suspensión del juicio como la sombra acompaña al cuerpo.

De todo esto no se sigue que los escépticos nos tengamos por seres libres de turbación, pues, como antes señalábamos, padecemos por lo inevitable como cualquier otro ser humano y a veces sufrimos de frío, de hambre, etcétera.

[30] Sin embargo, en esos casos, la gente normal sufre dos veces: primero sufre por las reacciones ante la situación propiamente dicha, segundo, por la opinión de que semejantes situaciones son

malas por naturaleza. El escéptico, por su parte, se desprende de la opinión adicional de que estas cosas sean malas por naturaleza y así reacciona a la incomodidad que producen con más moderación. Por este motivo decíamos antes que la finalidad del escéptico es la serenidad en lo tocante a las opiniones y la reacción moderada ante lo inevitable. Ciertos filósofos escépticos de renombre añadieron a lo dicho la suspensión del juicio en las investigaciones.

Al principio de Contra los dogmáticos, *su obra sobre las ciencias específicas (retórica, gramática, geometría, aritmética, astrología y música), Sexto hace una serie de comentarios generales sobre el escepticismo. Mucho menos detallada y más dirigida a estas «doctrinas», la obra de Sexto es coherente con lo dicho en los* Esbozos, *si bien se perciben algunas interesantes diferencias de tono y énfasis.*

[1] Del contraargumento contra los dogmáticos parecen haberse ocupado de manera general tan-

to los epicúreos como los pirronianos, aunque su punto de vista difiera. El punto de partida de los epicúreos es que las doctrinas no sirven en absoluto para alcanzar la sabiduría. Por un lado, hay quien sospecha que ese punto de vista se debe a que los miembros de esta escuela eran muy ignorantes (ya que Epicuro es culpable de ignorancia en muchas cosas, incluso en la conversación normal hablaba mal) y por otro, hay quien cree que el motivo es [2] una hostilidad general hacia Platón,* Aristóteles y otros filósofos, que tenían una educación exquisita (...). [5] En todo caso, ese fue el punto de partida de Epicuro en su guerra contra los dogmáticos. Por el contrario, los pirronianos no partieron del punto de vista de que las doctrinas no sirvan para alcanzar la sabiduría (pues para empezar semejante afirmación es ya de por sí una afirmación dogmática) ni por la falta de conocimientos de nadie, ya que además de haber recibido ellos mismos una excelente educación y de tener más experiencia que el resto de los filósofos, también les ha sido siempre indiferente la opinión del vulgo. [6] Tampoco se les puede acusar de hostilidad hacia nadie (un vicio por completo contrario a su natural gentileza). Lo que les sucedió a los pirronianos con las doctrinas fue algo parecido a lo que les había sucedido con la filosofía en su conjunto: la practicaban con el deseo de descubrir la verdad, pero al encontrarse con razonamientos equivalentes y con incoherencias varias, optaron por suspender el juicio. En el caso de las doctrinas, las estudiaron para descubrir la verdad, pero cuando se vieron en el mismo punto muerto, decidieron no ocultarlo. [7] Por este motivo, también nosotros practicaremos el mismo enfoque y trataremos de seleccionar y exponer sin arrogancia las críticas válidas que se han hecho contra el dogmatismo.[8]

2

RAZONAMIENTOS LISTOS PARA USAR: LOS MODOS

Continuamos en el libro I de los Esbozos, *en el que Sexto resume de manera general los modos, que son formas de razonamiento escéptico listos para usar.*

LOS MODOS GENERALES DE SUSPENSIÓN DEL JUICIO

[31] Una vez establecido que la suspensión del juicio conduce a la serenidad, lo siguiente que conviene tratar es la manera de hacerlo.

En términos generales, la suspensión del juicio se produce por medio de la oposición. Ya sea de cosas aparentes con cosas aparentes, de cosas del pensamiento con cosas del pensamiento o de unas con otras: [32] por ejemplo, oponemos lo aparente a lo aparente cuando decimos: «la misma torre parece circular desde lejos y cuadrada desde cerca»; oponemos lo pensado a lo pensado cuando en oposición a la persona que afirma que el orden de los cuerpos celestes demuestra que la providencia existe, nosotros aducimos que es habitual que los buenos sufran contratiempos y que los malos tengan buena fortuna, lo cual demuestra que no la hay. [33] También oponemos lo pensado a lo aparente, como cuando, en oposición al hecho de que la nieve es blanca, Anaxágoras* dice que la nieve es negra porque es agua en estado sólido y el agua es negra.

A veces también oponemos cosas presentes a cosas presentes, como las que acabamos de mencionar, y otras veces oponemos cosas presentes a cosas pasadas o futuras. Por ejemplo, cuando alguien nos propone un razonamiento para el que no tenemos contraargumento, [34] podemos responder «al igual que antes del nacimiento de la persona que fundó la escuela a la que perteneces, su razonamiento, aunque sólido y existente desde el punto de vista de la naturaleza, no era aún aparente, también es posible que el razonamiento opuesto al que acabas de presentar realmente exista desde la perspectiva de la naturaleza, pero no sea todavía aparente, así que no podemos estar de acuerdo con un razonamiento que parece sólido tan solo momentáneamente».

[35] Con el fin de hacernos una idea más exacta de estas oposiciones, voy a exponer los modos mediante los cuales se lleva a cabo la suspensión del juicio. No insistiré en su número ni en su solidez, pues es posible que algunos sean incorrectos o que haya más de los que voy a nombrar.

LOS DIEZ MODOS

[36] Por lo general, para los primeros escépticos los modos que rigen la suspensión del juicio son diez (...).

A continuación, Sexto ofrece una lista de diez modos y varias maneras de clasificarlos. Después analiza con cierta profundidad el primer modo, que trata de las diferencias entre cómo las cosas se hacen aparentes a los humanos y a otros animales. Retomamos el hilo en el segundo modo:

[79] El segundo modo, según decíamos, se basa en las diferencias entre los seres humanos. Incluso si aceptamos, a modo de hipótesis, que los seres humanos son más dignos de confianza que los animales irracionales, veremos que la suspensión del juicio entra en escena de la mano de las diferencias entre humanos. Se dice que el ser humano está compuesto de dos cosas: alma y cuerpo, y en ambos aspectos nos diferenciamos unos de otros. En cuanto al cuerpo, por ejemplo, somos distintos en la forma y las proporciones individuales.[1] [80] El cuerpo de un escita no es igual que el un indio y lo que genera esta diversidad, dicen, es la diferencia en la proporción de los humores del organismo. Las diferencias en lo aparente proceden de los humores preponderantes en el organismo de cada individuo

(…). Por eso son tan diferentes las cosas del mundo que los seres humanos eligen o rechazan. A los indios les gustan unas cosas y a nosotros otras, y el gusto por cosas diferentes indica que los objetos reales se nos hacen aparentes de manera distinta.

[81] Las diferencias en cuanto a las proporciones de los humores corporales implican que hay quien digiere mejor el buey que el pescado de roca y a quien le produce diarrea el suave vino de Lesbos. En el Ática había una anciana que, según cuentan, era capaz de consumir sin problemas treinta dracmas[2] de cicuta, y a Lisis no le hacían ningún daño cuatro dracmas de opio. [82] Demofonte, el copero de Alejandro, pasaba tanto frío al sol como en los baños, pero estar a la sombra le daba calor. Atenágoras de Argos era inmune a la picadura de escorpiones y arañas. A los psiloi no les afecta el veneno de serpientes y áspides. [83] En Egipto, los cocodrilos no atacan a los habitantes de Dendera, y en Etiopía, los que moran a orillas del río Astapo, al otro lado del lago Méroe, se alimentan sin problemas de escorpiones, serpientes y

demás. Rufino de Calcis bebía eléboro sin vomitar, es más, ni siquiera tenía en él un efecto purgante, sino que lo digería como si fuera un alimento normal. [84] La pimienta le producía problemas cardíacos a Criserno el herofiliano[3] y a Sotérico el cirujano le descomponía el vientre el olor de siluros fritos. Andrón de Argos era tan inmune a la sed que era capaz de atravesar el desierto de Libia sin una gota de agua. El emperador Tiberio veía en la oscuridad. Aristóteles habla de un tal Tasio que creía que un fantasma caminaba delante de él dondequiera que fuese.

[85] Dada la enorme diversidad que hay entre los seres humanos en cuanto a lo físico, y solo hemos citado un puñado de ejemplos de los que se encuentran en las doctrinas, es lógico que en cuanto al alma haya también notables diferencias, pues, como demuestra la ciencia de la fisionomía, el cuerpo es una especie de representación del alma. La mayor prueba de las infinitas diferencias entre los seres humanos en cuanto al pensamiento es el desacuerdo entre lo que dicen los dogmáticos que

debemos elegir o rechazar. Los poetas han acertado de lleno en esta materia, pues como dice Píndaro:

A uno le alegran los honores y coronas
que le brindan sus raudos corceles
y a otros habitar en palacios recubiertos
    de oro;
mientras que otros gozan surcando los
    mares en un navío.

Y el poeta,[4] por su parte, dice:

Los hombres distintos se deleitan en diversas ocupaciones.

También en la tragedia encontramos numerosas alusiones al asunto, por ejemplo:

Si lo bello y lo prudente fuera igual para
    todos
no habría conflictos ni disputas entre los
    hombres.[5]

O este otro:

Qué extraño que la misma cosa plazca
    tanto a unos mortales
mientras que otros la odian.

[87] Por lo tanto, dado que la elección y el rechazo son cuestión de placer y desagrado, y dado que el placer y el desagrado residen en los sentidos y en las apariencias, y que, según hemos visto, unos rechazan y otros eligen la misma cosa, la conclusión lógica es que los seres humanos no reaccionan igual ante las mismas cosas, ya que si así fuera, todos elegirían y rechazarían lo mismo.

Ahora bien, si los seres humanos reaccionan de manera diferente ante las mismas cosas debido a las diferencias que existen entre ellos, lo más seguro es que también en esta materia convenga suspender el juicio, pues quizá seamos capaces de describir cómo cada objeto real se *hace aparente* según cada diferencia, pero no qué *es* según su naturaleza.

[88] Y es que o bien creemos a todos los hombres o solo a algunos. Creer a todos nos conduce a la quimera de aceptar lo contradictorio. Si creemos solo a algunos, ¿a cuáles? Los platónicos dirán que a Platón, los epicúreos que a Epicuro y cada cual a su favorito. Y así, atascados en un estado de desacuerdo irresoluble, de nuevo será necesario suspender el juicio.

[89] La premisa de que hay que atenerse al criterio de la mayoría es infantil, pues es imposible consultar a todos los seres humanos y averiguar qué agrada a la mayoría. Bien puede suceder que entre pueblos que desconocemos sea natural para la mayoría lo que nosotros consideramos raro y que lo que a la mayoría de nosotros nos agrada les parezca raro a ellos. Por ejemplo, que a la mayoría de ellos no les afecte la picadura de las arañas venenosas, o que algunos solo sientan dolor de vez en cuando, y así cada cual según su proporción individual de humores, como decíamos antes. También aquí la suspensión del juicio es inevitable debido a las diferencias entre los seres humanos.

La disertación sobre los diez modos continúa con muchas otras clases de impresiones opuestas dirigidas a producir la suspensión del juicio. Los modos que van del 3 al 9 se centran en las diferencias entre los sentidos (modo tercero), las diferencias entre circunstancias (modo cuarto), diferencias entre posiciones, distancias y lugares (modo quinto), diferencias entre las mezclas de humores (modo sexto), diferencias entre las cantidades y proporciones de las cosas (modo séptimo), la relatividad (modo octavo) y la diferencia en la frecuencia con que ocurren las cosas (modo noveno). Sin embargo, quizá sea el modo décimo el que más relación tenga con las preocupaciones actuales:

[145] El modo décimo, el que más relación tiene con la ética, es el que se ocupa de las formas de vida, costumbres, leyes, creencias míticas y opiniones dogmáticas. Una forma de vida es una manera de vivir o un determinado hábito, ya sea individual, como en el caso de Diógenes,* o colectivo, como en el de los espartanos; [146] una ley es un acuerdo escrito entre ciudadanos cuya transgresión resulta

en un castigo; una costumbre o tradición (no existe diferencia entre ambos términos) es la aceptación de un hábito por parte de muchas personas cuya transgresión no resulta necesariamente en castigo, por ejemplo, no cometer adulterio es una ley, pero entre nosotros es costumbre no practicar el sexo en público. [147] Una creencia mítica es la aceptación de cosas inventadas que nunca han sucedido, por ejemplo, los mitos de Cronos.* Los mitos arrastran a muchos a la credulidad. Una opinión dogmática es la aceptación de un asunto que parece confirmada por el razonamiento analógico o alguna otra clase de demostración, por ejemplo, que los seres están compuestos de átomos, *homeomerías*,[6] elementos mínimos u otras cosas.

[148] Nosotros oponemos cada una de estas cosas a veces contra sí misma y otras a cada una de las demás. Por ejemplo, oponemos una costumbre a otra: los etíopes tatúan a los recién nacidos y nosotros no; los varones persas consideran adecuado vestir con telas de colores vivos que llegan hasta el suelo, pero nosotros no; los indios practican el

sexo en público, mientras que la mayoría de los demás pueblos consideran indecorosa tal costumbre. [149] Oponemos una ley a otra: entre los romanos, renunciar a la herencia paterna exime del pago de las deudas del padre, pero entre la gente de Rodas las deudas se pagan sin excepción; entre los tauros de Escitia se sacrificaba a los extranjeros a Artemisa por ley, mientras que para nosotros los sacrificios humanos están prohibidos. [150] Oponemos una forma de vida a otra cuando oponemos la forma de vida de Diógenes a la de Aristipo* o la de los espartanos a la de los ítalos. Oponemos creencias míticas cuando en un lugar decimos que, según el mito, Zeus es el padre de los dioses y los hombres y en otro que es Océano, como en «a Océano, padre de los dioses, y a la madre Tetis». [151] Oponemos opiniones dogmáticas entre sí cuando decimos que unos creen que existe una única sustancia elemental y a otros les parece que las sustancias son infinitas, o que unos creen que el alma es mortal y otros que es inmortal, o que unos dicen que los asuntos humanos están en manos de la divina providencia mientras que para otros tal cosa no existe.

[152] Oponemos una costumbre a las demás —a la ley, por ejemplo—, cuando decimos que la homosexualidad es costumbre entre los persas, pero está prohibida por ley entre los romanos; o que para nosotros el adulterio está prohibido, mientras que para los masagetas está admitido por la costumbre como cosa indiferente,[7] tal y como lo relata Eudoxo de Cnido en el primer libro de su *Circunnavegación del mundo*. O que para nosotros está prohibido practicar el sexo con la propia madre, mientras que para los persas este tipo de matrimonio es lo acostumbrado. En Egipto, los matrimonios entre hermanos son habituales, pero para nosotros están prohibidos por ley. [153] La costumbre se opone a la forma de vida cuando la mayoría de los hombres practican el sexo con sus esposas en la intimidad, pero Crates* lo practicaba con Hiparquía* en público; y Diógenes andaba por ahí con una túnica que le cubría un solo hombro,[8] mientras que nosotros nos vestimos a la manera

acostumbrada. [154] Y a una creencia mítica cuando según los mitos Cronos devoraba a sus hijos, mientras que nosotros tenemos la costumbre de cuidarlos; o cuando es nuestra costumbre tener a los dioses por buenos e inmunes a lo malo, pero los poetas nos los muestran vulnerables y celosos unos de otros. [155] Y a la opinión dogmática cuando nuestra costumbre es pedir favores a los dioses, pero Epicuro sostiene que los dioses no se ocupan de nosotros; o cuando Aristipo sostiene que vestir ropa femenina no tiene importancia, mientras que a nosotros nos parece indecoroso.

[156] Oponemos una forma de vida a una ley cuando a pesar de que no está permitido golpear a un hombre libre respetable, los pancraciastas[9] se golpean entre sí, pues esa es su forma de vida, o cuando a pesar de que el homicidio está prohibido, los gladiadores se matan entre sí por la misma razón. [157] Oponemos creencia mítica a forma de vida cuando decimos que los mitos cuentan que Hércules en el palacio de Ónfala «carda lana y soporta la esclavitud» y llegó a hacer cosas que nadie

habría hecho por voluntad propia y, sin embargo, su forma de vida era noble. [158] Y una forma de vida a una opinión dogmática cuando los atletas tienen la fama como algo bueno y por ella aceptan una forma de vida llena de sacrificios y, sin embargo, muchos filósofos la consideran una banalidad. [159] Oponemos la ley a la creencia mítica cuando los poetas cuentan que los dioses cometen adulterio y practican la homosexualidad y sin embargo, nuestras leyes prohíben ambas prácticas. [160] Y a la opinión dogmática cuando Crisipo* dice que practicar el sexo con la propia madre o la propia hermana no tiene importancia, pero nuestras leyes lo prohíben. [161] Y oponemos la creencia mítica a la opinión dogmática cuando los poetas dicen que Zeus bajaba del Olimpo para practicar el sexo con mujeres mortales, mientras que los dogmáticos opinan que tal cosa es imposible; [162] o cuando el poeta dice que Zeus «lloró sangre sobre la tierra» a causa de su dolor por la muerte de Sarpedón y, sin embargo, el dogma filosófico opina que los dioses son inmunes al sufrimiento; o cuando niegan el mito de los centauros, utilizándolos como ejemplo de ser que no existe.

[163] Sin duda no sería difícil encontrar muchos más ejemplos de cada una de las oposiciones que hemos mencionado, pero para el presente libro, que no pretende ser más que un esbozo, ya hay suficientes. Por lo demás, vista la discrepancia entre las cosas que este modo pone de manifiesto, nunca seremos capaces de descubrir la naturaleza de los objetos, sino solo cómo se hacen aparentes respecto de una determinada forma de vida, una ley concreta, una costumbre específica y así sucesivamente. Por este motivo es necesario suspender el juicio sobre la naturaleza de los objetos reales. Y así es como llegamos a la suspensión del juicio por medio de los diez modos.

Sexto introduce inmediatamente los cinco modos, que son mucho más generales que los diez y están pensados para funcionar en un sistema:

LOS CINCO MODOS

[164] Los escépticos más recientes han definido los siguientes cinco modos de suspensión del juicio:

- –El que surge de la disputa.
- –El que nos arroja a una recurrencia infinita.
- –El relativo.
- –El hipotético.
- –El recíproco.

[165] El primero es aquel en el que somos conscientes de que el asunto que estamos considerando provoca una disputa irresoluble que no nos permite elegir, por lo que se impone suspender el juicio. Se da tanto entre gente corriente como entre filósofos.

[166] El segundo es aquel en el que decimos que la demostración del asunto que estamos considerando necesita una demostración que a su vez necesita una demostración y así hasta el infinito,

de manera que, al no haber lugar donde comenzar a construir el razonamiento, se impone suspender el juicio.

[167] El modo relativo (...) es aquel en el que el objeto real se hace aparente de determinada forma en relación con el que juzga (y al mismo tiempo en relación con las cosas observadas), pero suspendemos el juicio sobre cómo *es* por naturaleza.

[168] El modo hipotético es aquel en el que los dogmáticos, tras caer en una recurrencia infinita, comienzan el razonamiento desde algo no justificado ni demostrado, sino que sencillamente dan por válido de manera convencional.

[169] El modo recíproco surge cuando aquello que debe demostrar el asunto que estamos considerando necesita una demostración por parte del mismo asunto que estamos considerando, y así, incapaces de basarnos en uno para demostrar al otro, suspendemos el juicio acerca de ambos.

A continuación, demostraremos brevemente que se puede someter cualquier cosa que se investigue a estos cinco modos. [170] El asunto que se considera es o bien algo aparente o bien algo pensado. En cualquier caso, existirá disputa, pues para unos solo es cierto lo percibido, para otros solo es cierto lo pensado, y para otros lo son algunas cosas percibidas y algunas cosas pensadas. ¿Dirán entonces que la discrepancia tiene resolución o no? Si dicen que es irresoluble, se impone suspender el juicio, pues es imposible pronunciarse sobre cosas en las que no es posible llegar a un acuerdo. Sin embargo, si se puede resolver, habrá que averiguar sobre qué base vamos a hacerlo.

[171] Por ejemplo, ¿la cosa aparente se resolverá a partir de otra cosa aparente o de una cosa pensada? Si es a partir de una cosa aparente, ya que las cosas aparentes son el objeto de nuestra investigación, hará falta demostrarla de alguna manera. Y si la demostración es también una cosa aparente, habrá que demostrarla también, y así hasta el infinito.

[172] Pero si la cosa aparente se demuestra a partir de una cosa pensada, ya que las cosas pensa-

das son también motivo de disputa, habrá que resolverla y demostrarla. ¿En qué fundaremos la demostración en este caso? Si proviene de una cosa pensada, caeremos en el modo de la recurrencia infinita, y si proviene de una cosa aparente, caeremos en el modo recíproco, pues se ha tomado una cosa pensada para demostrar una cosa aparente y una cosa aparente para demostrar una cosa pensada. [173] Y si para evitarlo nuestro interlocutor trata de demostrar el razonamiento por medio de algo convenido y no demostrado, caeremos en el callejón sin salida del modo hipotético. Y es que, si la persona que formula la hipótesis es digna de confianza, no lo seremos menos nosotros al formular la hipótesis contraria. Además, si la hipótesis de nuestro interlocutor es cierta, él mismo la convierte en dudosa al tomarla como hipótesis y no como demostración. Pero en cambio, si es falsa, lo demostrado carecerá de base. Por otro lado, si proponer una hipótesis nos sirve para generar confianza, propongamos como hipótesis el mismo asunto que estamos considerando, no otro por medio del cual pretendemos demostrar el asunto que estamos considerando. Y si proponer como hipótesis el asunto que estamos considerando es absurdo, también lo será proponer como hipótesis algo más cercano al punto de partida.[10] [175] Por otra parte, es evidente que todas las cosas aparentes son relativas, pues dependen de quien las percibe.

Vemos así que podemos someter a los cinco modos cualquier cosa aparente que se nos proponga. En cuanto a las cosas pensadas, realizaremos un razonamiento parecido. Si admitimos que es objeto de disputa que no tiene resolución, tendremos que suspender el juicio sobre ello. [176] Pero si la discrepancia se puede resolver, y esto es posible por medio de otra cosa pensada, caeremos en el modo de la recurrencia infinita. Por otro lado, si se puede resolver por medio de una cosa aparente, caeremos en el modo recíproco, ya que lo aparente es a su vez materia de discrepancia y no puede demostrarse a sí mismo debido a la recurrencia infinita, de modo que necesitará una cosa pensada del mismo modo que la cosa pensada necesita a la cosa aparente. [177] Una vez más, vemos que por los mismos motivos aceptar una hipótesis es absurdo. Además, las cosas pensadas también son relativas, pues dependen de quien las piensa, de ahí su nombre, y si fueran como se las piensa no habría discrepancia sobre ellas. Esto nos muestra que las cosas pensadas también se someten a los cinco modos, lo cual implica que es necesario suspender el juicio sobre el asunto que estamos considerando en todos los casos.

Estos son los cinco modos definidos por los escépticos recientes. No los han definido para rebatir los diez modos de los primeros escépticos, sino para utilizarlos y combinarlos con el fin de poner de manifiesto de forma más eficaz la arrogancia de los dogmáticos.

Sexto nos ofrece a continuación los dos modos, una versión resumida de los cinco modos y después enumera una serie de modos especializados que tienen que ver con la causalidad.

3

PENSAR Y EXPRESARSE COMO UN ESCÉPTICO (NO COMO CUALQUIERA)

En el libro I de los Esbozos, *Sexto expone varias fórmulas específicamente escépticas ideadas para expresar la suspensión del juicio. En el presente capítulo incluyo algunos puntos fundamentales de esta parte del libro.*

LAS FÓRMULAS ESCÉPTICAS

[187] Analicemos ahora ciertas fórmulas como «nada es más [que otra cosa]» o «no debe determinarse nada», que pronunciamos al usar (...) los modos de suspensión del juicio y que indican nuestro escepticismo y nuestras reacciones. Comencemos por «nada es más».

«NADA ES MÁS»

[188] A veces la pronunciamos así y otras veces decimos «nada es superior». Los que creen que usamos la segunda en las investigaciones específicas y la primera en las genéricas se equivocan, pues las usamos indistintamente y las analizaremos como una sola. Se trata de una fórmula abreviada. Igual que cuando decimos «un doble» nos referimos a «un café doble» y cuando decimos «nos vemos en Sol» queremos decir «nos vemos en la Puerta del Sol»,[1] cuando decimos que «nada es más», lo que queremos decir es que «esto no es más que esto otro», «así no es mejor que de esta otra forma»[2] (...). [190] «Esto no es más que eso» manifiesta nuestra reacción, la forma en que, en virtud de la equivalencia entre los objetos opuestos, acabamos en el equilibrio. Por «equivalencia» entendemos la igualdad entre objetos opuestos que nos parecen probables. «Opuesto» significa en general «contrapuesto». «Equilibrio», por su parte, quiere decir «neutralidad» respecto a cualquiera de ellos. [191]

Evidentemente, la fórmula tiene connotaciones de afirmación o negación, pero los escépticos la utilizamos con un sentido vago y amplio (...) cuando queremos decir «no sé con qué estar de acuerdo y con qué discrepar». Lo importante para nosotros es dejar claro lo que se nos hace aparente; la fórmula que usemos para expresarlo nos es indiferente. También hay que tener en cuenta que cuando recurrimos al uso de esta fórmula lo hacemos sin insistir en que sea indudable y definitivamente cierta, incluso en los casos en que hablamos de lo que nos resulta aparente.

A continuación, Sexto explica varias fórmulas escépticas más y cierra la exposición con una serie de comentarios de carácter general:

NOTA SOBRE EL USO DE LAS FÓRMULAS ESCÉPTICAS

[206] Las fórmulas que acabamos de ver son suficientes para una obra breve como esta, sobre todo

porque de las que faltan se puede decir lo mismo. Lo primero que hay que captar de todas estas fórmulas es que los escépticos no insistimos en que sean definitivamente ciertas. Muy al contrario, afirmamos que se rechazan y se ponen entre paréntesis a sí mismas junto con aquello a lo que se aplican, igual que los purgantes, que eliminan los humores y abandonan el cuerpo con ellos.

[207] Conviene recordar, además, que no las usamos para mostrar autoridad sobre los objetos a los que se refieren, sino de forma indiferente y, si se quiere, amplia, pues no es propio de los escépticos discutir sobre las formas de expresión. Por otro lado, nos beneficia que se diga que estas fórmulas no tienen un significado absoluto, sino relativo, es decir, que su significado depende de los escépticos que las usen.

[208] Tampoco conviene olvidar que no se las aplicamos de manera universal a todos los objetos, sino solo a las cosas no evidentes que se estudian de forma dogmática; que solo hablamos de aquello que nos resulta aparente a nosotros, y que no

nos pronunciamos de manera definitiva sobre la naturaleza de los objetos del mundo. Desde mi punto de vista, lo que acabo de decir es más que suficiente para rebatir cualquier objeción que se haga a las fórmulas escépticas.

En la última parte del libro I, Sexto habla de otras formas de pensamiento que se han entendido como equivalentes del escepticismo y demuestra sus diferencias. En el presente volumen solo he incluido la última, en la que el autor además se extiende un poco más sobre el escepticismo como forma de vida:

¿ES LA MEDICINA EMPÍRICA LO MISMO QUE EL ESCEPTICISMO?

[236] Hay quien opina que la escuela escéptica de filosofía y la escuela empírica de medicina son lo mismo. Sin embargo, aunque esta forma de empirismo se declara firmemente* a favor de la imposibilidad de captar cosas no evidentes, no

es lo mismo que el escepticismo ni conviene al escéptico alinearse con ella. Creo que le iría mejor alinearse con la llamada escuela metódica.[3] [237] De entre las escuelas de medicina, la metódica es la única que no cae en la arrogancia de aventurarse a decir si las cosas no evidentes son aprehensibles o no. Por el contrario, a la manera de los escépticos, atiende a lo aparente y se queda con lo más beneficioso.

Decíamos antes[4] que la vida normal, a la que también se adhiere el escéptico, tiene cuatro exigencias fundamentales: una relacionada con el instinto natural, otra con la necesidad de nuestras reacciones, otra con la transmisión de las leyes y costumbres y otra con la enseñanza de las artes y oficios. [238] Pues bien, igual que la necesidad de sus reacciones lleva al escéptico a beber cuando tiene sed y a alimentarse cuando tiene hambre, así las dolencias de los pacientes llevan al médico metódico al tratamiento que las contrarresta:[5] de la contractura a la distensión, como cuando uno escapa de la rigidez producida por el frío al calor del sol; de la fluencia a su contención, como cuando uno se marea al sudar copiosamente en las termas y detiene la sudoración sentándose al aire fresco. Es también evidente que hay que eliminar lo ajeno a la naturaleza, pues hasta los perros se extraen las astillas que se clavan. [239] Y sin apartarnos del estilo esquemático de este libro enumerando una a una las dolencias y tratamientos, diremos que todo lo que los metódicos afirman a este respecto puede enmarcarse en la «necesidad de nuestras reacciones», sean naturales o no. Además de eso, el uso flexible del vocabulario y la falta de dogmatismo es un rasgo común a ambas escuelas (...).

[241] Por lo tanto, a la vista de estas y otras similitudes, concluiremos que el enfoque empírico de los metódicos tiene más afinidades con el escepticismo que las demás escuelas de medicina.

Terminamos aquí las disquisiciones sobre los sistemas de pensamiento parecidos al enfoque escéptico y con ellas cerramos los comentarios generales sobre el escepticismo y el libro I de nuestros *Esbozos*.

Los dos libros de los Esbozos *que restan están dedicados a lo que Sexto denomina «explicación específica» (I:6), una crítica de las teorías dogmáticas referidas a la lógica, la física y la ética. No obstante, al principio del libro II ofrece a modo de introducción una crítica en la que los dogmáticos acusan a los escépticos de no ser capaces ni siquiera de empezar el proyecto. Lo incluyo a continuación porque arroja más luz sobre el pensamiento escéptico general:*

¿PUEDE EL ESCÉPTICO CRITICAR A LOS DOGMÁTICOS?

[1] Ya que estamos inmersos en una investigación contra los dogmáticos, exploremos ahora de manera breve y concisa cada una de las partes de la llamada filosofía, pero antes respondamos a esos que van por ahí diciendo que los escépticos no tienen capacidad ni de analizar ni de comprender lo que los dogmáticos llaman dogma.[6]

[2] Dicen que el escéptico o bien capta lo que dicen los dogmáticos, en cuyo caso no puede

dudar de lo que dice haber captado, o por el contrario no lo capta, en cuyo caso no podrá criticar lo que no ha captado. [3] Igual que la persona que ignora este o aquel teorema no puede decir una palabra sobre ellos,[7] la persona que ignora lo que dicen los dogmáticos no puede criticarlos, pues no comprende lo que dicen. De eso se desprende que es imposible que un escéptico critique lo que dicen los dogmáticos.

[4] Pues bien, las personas que opinan de este modo lo primero que deberían hacer es explicar qué entienden por «captar» o «aprehender». ¿Se trata tan solo de «entender», sin comprometerse con la realidad de las cosas sobre las que se discute? ¿O es más bien «entender», asumiendo además la realidad de lo que se debate? Si dicen que en sus razonamientos «captar» o «aprehender» consiste en estar de acuerdo con una apariencia que capta la realidad (apariencia que en primer lugar existe en la realidad, en segundo existe a imagen y semejanza del objeto real, y en tercero no puede proceder de lo que no existe),[8] sin duda

tampoco ellos pretenderán criticar lo que no han «captado».

[5] Por ejemplo, si un estoico critica a un epicúreo, que sostiene que la materia es divisible o que dios no influye en lo que sucede en el mundo o que el placer es el bien supremo,[9] ¿ha captado estos asuntos o no? Si los ha captado, está admitiendo su realidad, con lo cual está destruyendo el estoicismo; pero si no lo ha captado, ¿cómo se permite criticarlos? [6] Lo mismo puede decirse de los miembros de otras escuelas cuando pretenden criticar las opiniones de quienes discrepan de ellos. La conclusión es que nada tienen que criticarse unos a otros.

Es más, por ser consecuentes, si damos por cierto que uno no puede criticar lo que no ha captado, la filosofía dogmática se derrumbará por su propio peso y el escepticismo quedará firmemente establecido. [7] La persona que se pronuncia y dogmatiza sobre algo no evidente debe aclarar si lo hace tras haberlo captado o sin haberlo captado. Si no lo ha captado, sus palabras no son dignas de crédito. Sin embargo, si lo ha captado, deberá especificar si lo ha hecho directa y claramente o bien después de un proceso de análisis e investigación.

[8] Y si dice que ha captado ese asunto no evidente por sí mismo y a través de la experiencia, no podremos calificar al asunto de no evidente, sino de evidente para todos por igual, aceptado y no discutido. Siempre ha habido infinitas disputas sobre lo no evidente, por lo tanto, es imposible que el dogmático que se pronuncia con total convicción sobre la realidad de un asunto no evidente lo haya captado directa y claramente. [9] Y si ha captado el asunto en cuestión después de un proceso de análisis e investigación, ¿cómo iba a ser capaz de llevar a cabo tal proceso antes de haber captado el asunto? Si toda investigación requiere haber captado con precisión lo que se va a investigar, pues solo así se investiga, y a su vez para captar lo que se va a investigar es absolutamente necesario haberlo investigado antes, entonces, en virtud del modo recíproco, investigar y dogmatizar sobre lo no evidente es imposible. Si alguno se propone comen-

zar por captar el asunto, le advertimos de la necesidad de captar lo que se va a investigar antes de investigarlo. Estos son los motivos por los cuales los dogmáticos no pueden ni captar lo no evidente ni realizar afirmaciones categóricas sobre ello. Visto lo visto, creo yo, los astutos razonamientos de los dogmáticos se derrumban por su propio peso y la filosofía escéptica triunfa.

[10] Ahora bien, si afirman que ellos no dicen que ese tipo de aprehensión (es decir, esa forma de captar el asunto) deba preceder a la investigación, sino que se trata únicamente de solo «entender» el asunto, entonces la investigación no está vedada a quienes suspenden el juicio acerca de la realidad de las cosas no evidentes. Al escéptico no le está prohibido, así, «entender» las cosas, que es un proceso que tiene lugar en la mente en virtud de las cosas que se le hacen aparentes de manera pasiva (sin mediar su voluntad) y con toda claridad, y que en ningún caso depende de la realidad de las cosas pensadas, ya que, como dicen, no solo pensamos sobre cosas que

tienen existencia real, sino también sobre cosas que no la tienen. Por lo tanto, el que suspende el juicio mantiene el escepticismo tanto al investigar como al «entender», pues, como hemos demostrado antes,[10] acepta las apariencias pasivas según se le hacen aparentes.

[11] Atención, porque bien puede ser que los dogmáticos queden excluidos del ámbito de la investigación, ya que quienes no le encuentran sentido a investigar no son quienes admiten su ignorancia acerca de la naturaleza real de las cosas, sino quienes creen que la conocen con toda exactitud. Para estos últimos, la investigación ya ha concluido (o eso se creen ellos), mientras que para los primeros el motivo principal de toda investigación, no haber descubierto aún lo que se buscaba, sigue vigente.

A partir de aquí, Sexto continúa con su crítica a los dogmáticos y se concentra en el ámbito de la lógica, la física y la ética. En los siguientes capítulos se ofrece una antología de fragmentos de cada uno.

4

ESCEPTICISMO Y LÓGICA

La lógica ocupa todo el libro II de los Esbozos, *a excepción del último párrafo del capítulo anterior. En la Grecia antigua, la lógica cubría bastante más de lo que hoy entendemos por ese término. Incluía teorías sobre qué es y cómo adquirir el conocimiento. Para Sexto, el estudio de los «signos», que define como métodos para extraer conclusiones sobre lo no observado a partir de lo observado (más o menos lo que hoy entendemos como «prueba»), es uno de los temas que estudia la lógica. Su tratamiento del tema arroja algo más de luz acerca de la relación del escéptico con la vida ordinaria.*

EL SIGNO

[97] Según los dogmáticos, algunos objetos son evidentes a simple vista y otros son no evidentes. Entre los no evidentes, los hay «no evidentes por completo», «no evidentes de momento» y «no evidentes por naturaleza». Los evidentes a simple vista, dicen ellos, son perceptibles por sí mismos, por ejemplo, el hecho de que ahora mismo es de día. Los no evidentes por completo son inaprehensibles o imposibles de captar, por ejemplo, si el número de las estrellas es par. [98] No evidentes de momento son los objetos cuya naturaleza es evidente, pero por alguna circunstancia externa se vuelven no evidentes, por ejemplo, la ciudad de Atenas cuando me encuentro en Roma. Los objetos no evidentes por naturaleza son imperceptibles porque su propia naturaleza[1] lo impide, y son perceptibles solo por medio de la inteligencia, por ejemplo, los poros,[2] que no se pueden captar por sí mismos, sino por medio de «signos», como el sudor.

[99] Los dogmáticos sostienen que los objetos evidentes a simple vista no necesitan signos: se captan por sí mismos. Tampoco los necesitan los objetos no evidentes por completo, ya que no son aprehensibles en absoluto. Sin embargo, a los no evidentes de momento y los no evidentes por naturaleza sí podemos captarlos por medio de signos (aunque no sean los mismos). Los objetos no evidentes de momento se captan por medio de signos evocativos y los no evidentes por naturaleza se captan por medio de signos indicativos.

[100] Los dogmáticos, pues, clasifican los signos en evocativos e indicativos. Los signos evocativos son aquellos que se observan clara e inmediatamente junto a la cosa significada en el momento de percibirla. Si la cosa significada no nos es perceptible en este momento, los signos nos hacen evocarla gracias a la experiencia de haberlos observado juntos, como en el caso del humo y el fuego.[3]

[101] El signo indicativo es aquel que no se ha observado clara e inmediatamente junto a la cosa significada, pero, debido a su propia naturaleza y

constitución, significa la cosa de la que es signo, por ejemplo, los movimientos del cuerpo son signos del alma (...).

[102] Vista la diferencia entre ambas clases de signos, aclaremos que los escépticos solo estamos en contra del signo indicativo, pues nos parece una invención de los dogmáticos. El signo evocativo, por su parte, es digno de crédito pues lo encontramos en la vida corriente: quien vea humo lo tomará como signo de que hay fuego y quien vea una cicatriz concluirá que ahí ha habido antes una herida. Por lo tanto, no solo no estamos en conflicto con la vida corriente, sino que estamos a su favor. Los escépticos aceptamos sin opiniones lo que se observa en la vida corriente y dirigimos nuestras críticas a las cosas que los dogmáticos inventan por cuenta propia.

[103] Era necesario decir estas cosas de antemano para aclarar lo que estamos investigando. Pasemos a continuación al contraargumento, no por demostrar que el signo indicativo no existe, sino como evocación[4] de la aparente equivalencia

entre los argumentos a favor y en contra de su existencia.

La exposición de Sexto continúa durante unas páginas y se centra sobre todo en razonamientos dogmáticos y asuntos de lógica. Incluimos a continuación los párrafos finales de la disertación sobre los signos, que son menos técnicos.

[124] (...) Los signos son o bien solo aparentes o bien solo no evidentes o bien unos son aparentes y otros no evidentes. Tal afirmación no se sostiene y conduce a la conclusión de que los signos no existen. Que no todos los signos son cosas no evidentes se demuestra de la siguiente forma. Según los dogmáticos, lo no evidente no se hace aparente por sí mismo, sino a través de alguna otra cosa. Por lo tanto, los signos no evidentes necesitan de otro signo (no evidente también, ya que, según nuestra hipótesis, los signos aparentes no existen), que a su vez necesitará otro y así hasta el infinito. Sin embargo, dado que es imposible abarcar un número infinito de signos, los signos

no evidentes son imposibles de captar o aprehender. Se deduce de ello que no existen, pues si no pueden captarse o aprehenderse, no pueden significar, es decir, no pueden funcionar como signos.

[125] Si todos los signos son aparentes, dado que el signo es relativo (es decir, depende de la cosa significada) y las cosas relativas se captan la una al mismo tiempo que la otra, entonces la cosa significada y la cosa aparente serán ambas cosas aparentes, pues se captan al mismo tiempo. Cuando percibimos la izquierda y la derecha al mismo tiempo no decimos que una sea más aparente que la otra; de la misma forma, si captamos al mismo tiempo el signo y la cosa significada, no podemos decir que el primero sea más aparente que la segunda.[5] [126] Sin embargo, si la cosa significada es aparente, no necesitará al signo para que la revele o signifique, de modo que ni siquiera será cosa significada. Y así, al igual que no existe la izquierda sin la derecha, el signo no puede existir sin la cosa significada, por lo tanto, si alguien afir-

ma que todos los signos son cosas aparentes, tendremos que concluir que no existen.

[127] Resta analizar si unos signos son aparentes y otros no aparentes. También aquí nos topamos con ciertas dificultades. En el caso de los signos aparentes, las cosas que esos signos significan, según decíamos antes, serán también cosas aparentes, que al no necesitar nada que las signifique, no serán cosas significadas, lo cual implica que los signos, al no significar nada, tampoco serán signos.

[128] Los signos no evidentes, por su parte, necesitan algo que los revele o signifique. Si lo que los significa son cosas no evidentes, caeremos en la recurrencia infinita y descubriremos que son imposibles de captar o aprehender y, por lo tanto, no existen, como decíamos antes. Si por el contrario, lo que los significa son cosas aparentes, serán ellos mismos aparentes también y percibidos al mismo tiempo que ellas, y por esa misma razón tampoco tendrán existencia, pues es imposible que una cosa sea a la vez aparente y no evidente, y la razón ha demostrado que los signos que estamos analizan-

do, que nos parecían no evidentes, son en realidad aparentes. [129] En conclusión, si no todos los signos son aparentes ni todos evidentes, pero tampoco algunos aparentes y otros no evidentes, y no hay más opciones posibles (como dicen algunos), entonces los llamados signos no existen.

[130] De momento basta con estos pocos argumentos, de entre los muchos que existen, para dejar clara la inexistencia de los signos indicativos. A continuación, expondremos[6] también los argumentos a favor de la existencia de los signos, con el objeto de mostrar la equivalencia de los razonamientos contrarios.

Para empezar, diremos que los razonamientos en contra del signo o bien significan algo o bien no significan nada. Si no significan nada, no perjudican a la existencia del signo. Por el contrario, si tienen significado es que el signo existe. [131] Por otro lado, los razonamientos en contra del signo pueden funcionar para demostrar su existencia o no. Si no funcionan, no demuestran su existencia, y si funcionan, dado que la demostración es una clase de signo cuya función es revelar la conclusión, entonces los signos existen.

También podemos recurrir a razonamientos como el siguiente: si existe algún signo, los signos existen. Pero si no existe ningún signo, los signos también existen, porque la no existencia de los signos se prueba por medio de una demostración, que es un tipo de signo. De modo que el signo o existe o no existe, por lo tanto, existe.

[132] Sin embargo, a este razonamiento se le opone el siguiente: si no existe ningún signo, los signos no existen. Y si existe algún signo (lo que los dogmáticos consideran signo), los signos no existen; pues, según hemos demostrado, el signo sobre el que trata el razonamiento (que según la definición es relativo y capaz de revelar la cosa significada) no existe. [133] De modo que el signo o existe o no existe, por lo tanto, no existe (...).

En conclusión, pues vemos que hay razonamientos sólidos tanto a favor de la existencia del signo como en contra, no puede afirmarse categóricamente ni que el signo exista ni que no exista.

Sexto continúa con un razonamiento pormenorizado acerca de la demostración (o como se traduce en ciertas ocasiones: «prueba»), que, tal y como dice unas líneas más arriba, es un tipo de signo. El siguiente tema son los razonamientos deductivos, antes conocidos como «silogismos». Incluyo un fragmento a continuación:

LOS RAZONAMIENTOS DEDUCTIVOS

[193] Tal vez sea superfluo analizar los razonamientos deductivos, a pesar de la gran controversia que han causado (...). [194] Pero quizá no sea mala idea ocuparse de ellos específicamente, ya que tanto se vanaglorian de ellos los dogmáticos.

Se pueden argumentar muchas cosas para poner de manifiesto[7] la no existencia de los razonamientos deductivos, pero para los objetivos de este libro la siguiente demostración es suficiente. También aquí[8] traeremos a colación los indemostrables,[9] pues si los rebatimos, el resto de los razonamientos cae con ellos, ya que de ellos procede la demostración de su validez.

[195] La premisa «todos los humanos son animales» se confirma por inducción a partir de los casos particulares; a partir de la premisa de que tanto Sócrates como Platón y Dión de Alejandría, que son humanos, son también animales, se considera posible afirmar categóricamente que todos los humanos son animales. Si en un solo caso particular se demostrara lo contrario, la premisa universal no sería válida (por ejemplo, dado que la mayoría de los animales mueve la mandíbula inferior y tan solo el cocodrilo mueve la superior, la premisa «todos los animales mueven la mandíbula inferior» no es válida). [196] Así, cuando dicen «Todos los humanos son animales y Sócrates es humano, luego Sócrates es un animal», y a partir de la premisa universal «todos los humanos son animales» quieren extraer la conclusión de que «luego Sócrates es un animal» (cuya función es precisamente *confirmar* la premisa universal por medio del principio de inducción, como decíamos

antes) caen en el razonamiento recíproco, pues confirman por inducción la premisa principal a partir de cada una de las premisas particulares, a la vez que confirman la premisa particular por deducción a partir de la universal.

[197] Lo mismo sucede con razonamientos como el siguiente: «Sócrates es humano; los humanos no son cuadrúpedos, luego Sócrates no es cuadrúpedo». Lo que persiguen los dogmáticos en este caso es confirmar la premisa de que «ningún humano tiene cuatro patas» por inducción a partir de los casos particulares, pero también quieren confirmar cada caso particular por deducción a partir de la premisa universal «los hombres no son cuadrúpedos», de manera que acaban cayendo en el callejón sin salida del modo recíproco.

Sexto aplica esta línea crítica a varias figuras silogísticas más. A continuación, pasa a analizar de manera mucho más breve el razonamiento inductivo, por el cual se extraen conclusiones universales a partir de premisas particulares. Muchos filósofos moder-

nos, David Hume, por ejemplo, han expresado dudas parecidas a las de Sexto sobre la validez del método inductivo.

EL RAZONAMIENTO INDUCTIVO

[204] Creo que el método inductivo es también fácil de rebatir. Cuando los dogmáticos pretenden confirmar lo universal a partir de lo particular, lo hacen o bien analizando todos los casos particulares, o bien tan solo unos pocos. Si lo hacen a partir de unos pocos, la inducción no será segura, porque puede suceder que alguno de los casos contradiga lo universal.[10] Y si son todos, el intento será infructuoso, porque los casos particulares son infinitos e indeterminados. De este modo. vemos que, sea cual sea la manera de proceder, el método inductivo carece de solidez.

En el resto del libro II el autor se ocupa de algunos otros asuntos técnicos del ámbito de la lógica.

Cerramos el capítulo con un fragmento del final de Contra los lógicos *(M VII-VIII). Tras argumentar contra la demostración y responder a una crítica de los dogmáticos: «¿Habéis demostrado los escépticos que existe la demostración o no? En caso negativo, no hay razones para creeros. En caso positivo, entonces habéis admitido su existencia». La respuesta de Sexto es buen ejemplo de su típica actitud a la hora de enfrentarse a los dogmáticos:*

[473] Si los escépticos hemos de responder por nosotros mismos, lo haremos sin arriesgarnos, diciendo que el razonamiento contra la demostración es convincente y que estamos de acuerdo con él por el momento, pero que no sabemos si lo seguiremos estando en el futuro, dado el carácter voluble del pensamiento humano (...). [476] Si, por otra parte, los escépticos nos declarásemos firmemente de acuerdo con el razonamiento de que la demostración no existe, quizá la persona que enseña que la demostración existe nos obligaría a cambiar de parecer. Pero en realidad, como de momento tan solo nos limitamos a exponer los

razonamientos contra la demostración, nos afectan tan poco las opiniones contrarias que más bien nos beneficiamos de ellas. [477] Pues dado que los razonamientos contrarios a la existencia de la demostración permanecen irrefutables de momento, y los que están a favor de la demostración parecen convincentes, entonces, procedamos a la suspensión del juicio sin decantarnos por unos o por otros. [478] Por otra parte, los dogmáticos no pueden probar la existencia de la demostración aduciendo que el razonamiento contra la existencia de la demostración es en sí mismo una demostración (…). Pues de tal razonamiento se deduce que la demostración no existe y si es verdadero, entonces no existe la demostración.

[479] Los dogmáticos dirán: «De acuerdo, pero si el razonamiento que prueba que la demostración no existe es verdadero, se rebate a sí mismo». Esto no es así en absoluto. Como es bien sabido, la excepción confirma la regla, e igual que decimos que Zeus es el padre de los dioses y los hombres, con la excepción de sí mismo (pues es

evidente que no puede ser su propio padre), así también cuando decimos que la demostración no existe, lo hacemos contando con la excepción del razonamiento que prueba su no existencia, pues esta es la única demostración. [480] E incluso en caso de rebatirse a sí mismo, no por ello confirma que la demostración exista, ya que hay muchas cosas que se comportan consigo mismas igual que se comportan con otras cosas; por ejemplo, el fuego, que se consume a sí mismo tras consumir la leña, o los purgantes, que se eliminan del cuerpo tras eliminar los humores que lo dañaban. El razonamiento en contra de la existencia de la demostración se comporta de manera parecida, pues después de rebatir la demostración se pone a sí mismo entre paréntesis. [481] Y una vez más, igual que no es imposible que una persona corte la escala que le ha servido para subir a un lugar elevado, tampoco lo es que el escéptico, tras cumplir con el objetivo que se había propuesto utilizando determinado razonamiento, se deshaga después de él[11] como si de una escala se tratara.

5

ESCEPTICISMO Y FÍSICA

El libro III de los Esbozos *se ocupa de la física y de la ética. Por «física» se entiende el estudio de la naturaleza* (physis) *en sentido amplio, de modo que se corresponde con lo que entendemos hoy en día por ciencias naturales. Sin embargo, el estudio de la naturaleza incluye a la divinidad, porque la mayoría de los pensadores de la antigua Grecia (no todos) creían que alguna forma de instancia divina tenía un papel fundamental en el funcionamiento de la naturaleza. El libro III de los* Esbozos *comienza precisamente tratando este tema:*

[1] Lo que acabamos de ver en el capítulo anterior es suficiente para esbozar lo referente a la lógica en la llamada filosofía.

LA FÍSICA

En lo concerniente a la física recurriremos al mismo método que hemos usado en el resto del libro, es decir, no discutiremos una a una cada cosa que dicen los filósofos, sino que iremos directamente a lo más general, que contiene al resto. Comenzaremos con la doctrina de los principios.

LOS PRINCIPIOS ACTIVOS

Ya que la mayoría de los filósofos está de acuerdo en que existen los principios materiales y los principios activos, principiaremos[1] por los activos, que se consideran más importantes.

DIOS

[2] Dado que para la mayoría de las personas dios es el principio activo fundamental, empecemos

el análisis por él, no sin antes dejar claro que los escépticos, al igual que las personas corrientes y sin opinión, defendemos la existencia de los dioses, los veneramos y creemos en su providencia. Y contra la arrogancia de los dogmáticos decimos lo siguiente.[2]

Para concebir la idea de un objeto es necesario conocer su ser, por ejemplo, si tiene cuerpo o es incorpóreo, pero también su forma, pues sería imposible concebir un caballo sin antes haber aprendido algo sobre la forma del caballo. Además, lo concebido debe concebirse *en algún lugar*.

[3] Visto que unos dogmáticos opinan que dios es corpóreo, otros que es incorpóreo, otros que tiene forma humana y otros que no la tiene, otros que está en un lugar y otros que no; y entre aquellos que creen que está en un lugar, los hay que dicen que ese lugar se encuentra en este mundo, mientras que otros dicen que está fuera de él, ¿cómo esperan que concibamos la idea de dios, si ni ellos mismos son capaces de ponerse de acuerdo en su ser, en su forma o en el lugar donde habita?

Lo primero que deben hacer los dogmáticos es llegar a un acuerdo unánime sobre dios, y solo entonces, cuando nos expliquen su punto de vista, podrán esperar de nosotros que aceptemos la idea de dios. Mientras no resuelvan sus disputas, no tendremos manera de ponernos de acuerdo con ellos sobre *qué* concebir.

[4] Dicen los dogmáticos que cuando logramos concebir algo sagrado y eterno, eso es dios. Pero se trata de una falacia. La persona que no sabe quién es Dion[3] no puede ni concebir sus cualidades ni atribuírselas. De igual manera, al no conocer el ser de dios, tampoco podemos concebir ni atribuirle cualidad alguna. [5] Y además, los dogmáticos también tienen que proporcionarnos una definición de la palabra *sagrado*. (¿Es lo sagrado aquello que actúa conforme a la virtud y protege a los seres inferiores a él o aquello que permanece inactivo y es imperturbable en sí mismo y al mismo tiempo en nada perturba a los demás seres?)[4] De hecho, la irresoluble disputa entre los dogmáticos sobre este particular nos impide con-

cebir la idea de lo sagrado y por lo tanto, también la de dios.

[6] Por otra parte, aunque fuera posible concebir a dios, en lo tocante a los dogmáticos es necesario suspender el juicio sobre su existencia, pues la existencia de dios no es algo evidente. Si se nos hiciera aparente por sí mismo, no habría desacuerdo entre los dogmáticos en cuanto a su ser, sus atributos y su ubicación, pero su disputa sin resolver lo ha convertido en un ser no evidente cuya existencia necesita una demostración.

[7] La persona que demuestre la existencia de dios lo hará mediante una cosa evidente o mediante una cosa no evidente. De ninguna manera podrá tratarse de una cosa evidente, pues, como ya establecimos antes,[5] la cosa demostrada se concibe y se capta al mismo tiempo que la demostración, y por lo tanto, la existencia de dios sería evidente, pues se captaría al mismo tiempo que aquello que la demuestra, que a su vez sería algo evidente. Pero como decíamos antes, no es

algo evidente, por lo cual no puede demostrarse por medio de una cosa evidente.

[8] Sin embargo, tampoco puede demostrase por medio de una cosa no evidente, ya que la cosa no evidente que utilicemos para demostrar la existencia de dios necesitará a su vez una demostración. Si aquello que demuestra la demostración es una cosa evidente, entonces la existencia de dios dejará de ser no evidente. Vemos así que lo no evidente no puede demostrarse por medio de algo evidente. Pero tampoco podremos recurrir a una cosa no evidente, pues caeríamos en la recurrencia infinita (es decir, necesitaríamos demostrar la cosa no evidente con la que intentamos demostrar la cosa no evidente anterior). La existencia de dios, pues, no puede demostrarse a partir de ningún objeto, evidente o no. [9] Por lo tanto, debemos concluir que la existencia de dios es inaprehensible, ya que no es evidente en sí misma ni puede demostrase a partir de un objeto.

A todo ello hay que añadir que quienes defienden la existencia de dios dicen que o bien cuida de los seres del mundo o no. Si cuida de ellos, o bien cuida de todos, o bien solo de algunos. Si cuidara de todos, no existiría en el mundo la maldad ni la imperfección, y sin embargo, sabemos que el mundo está lleno de imperfecciones, por lo tanto, no puede afirmarse que dios cuide de todos los seres del mundo. [10] Y si solo cuida de algunos, ¿por qué de esos en particular y no de otros? Las opciones son las siguientes: o puede y quiere cuidar de todos los seres, o quiere pero no puede, o puede pero no quiere, o ni quiere ni puede. Si quisiera y pudiera, cuidaría de todos los seres del mundo, pero, según acabamos de decir, no lo hace, por lo tanto, no *quiere* y *puede* hacerlo. Si quiere cuidar de los seres del mundo pero no puede, entonces es menos poderoso que la causa por la que quiere cuidar de lo que no cuida; [11] no obstante, decir que dios es menos poderoso que algo es contrario al concepto de dios. Si puede cuidar de todos los seres pero no quiere, entonces debemos decir que es perverso. Y si ni quiere ni puede hacerlo, entonces, además de perverso, es débil, y bien sabemos que atribuir a dios esas cualidades es pecar de impiedad. Por lo tanto, dios no cuida de los seres del mundo.

[12] De aquí se deduce que los que afirman categóricamente la existencia de dios se ven forzados a pecar de impíos, pues al decir que cuida de todos los seres sugieren que es la causa de los males, mientras si dicen que tan solo cuida de algunos, o incluso que no cuida de ninguno, se verán forzados a admitir que dios es o perverso o débil (o ambas cosas), y quienes dicen esas cosas son a todas luces impíos.

Sexto también habla de dios en el primer libro de Contra los físicos *(M IX), donde comienza analizando el concepto de dios y después pasa a dilucidar la existencia de los dioses. Incluyo a continuación un breve fragmento perteneciente a la transición entre ambos temas, que aclara un poco más la actitud del escéptico ante la religión.*

[49] Puesto que no todo lo que es concebible es también existente y hay cosas que podemos conce-

bir pero no son reales, como Escila o los centauros, después de investigar el concepto de los dioses será necesario investigar también su existencia. Por ejemplo, el escéptico se sitúa en una línea de pensamiento más segura que otros filósofos, pues conforme a las costumbres y leyes ancestrales, defiende la existencia de los dioses y cumple con las obligaciones de su culto y veneración, mientras que, en lo tocante al análisis filosófico, se abstiene por completo de cualquier arrogancia.[6]

De vuelta a los Esbozos, *la sección del libro III dedicada a la física trata muchos otros temas. Incluyo fragmentos de solo uno de ellos, el referente al espacio. Lo más interesante del tema es que uno de los razonamientos opuestos es el sentido común.*

EL ESPACIO

[119] Hablamos del espacio de dos maneras. Vagamente, es decir, en sentido amplio, como cuan-

do hablamos de nuestra ciudad; y rigurosamente, como en el caso del espacio exacto que nos circunda. En este libro nos ocuparemos del espacio en sentido riguroso. Hay filósofos a favor de su existencia, otros en contra y otros que suspenden el juicio acerca de él.

[120] Los que apoyan la existencia del espacio en sentido riguroso se basan en la experiencia, pues según ellos la prueba de que el espacio existe es la simple visión de sus partes, es decir, la «derecha», la «izquierda», «arriba», «abajo», «delante» o «detrás»; o el hallarse uno en un lugar y después en otro; o el dictar una lección donde su propio maestro se las dictaba; o la percepción de que el sitio natural de las cosas ligeras es distinto del de las cosas pesadas;[7] [121] o, por supuesto, las palabras de los antepasados como «al principio fue el Caos»[8] (...). Además, alegan, si existen cuerpos físicos, tiene que existir por fuerza un espacio que los contenga, pues sin él no podrían existir (...).

[122] Por su parte, los que rechazan la existencia del espacio no aceptan siquiera la existencia

de sus partes, pues aducen que el espacio es solo sus partes, y tratar de demostrar su existencia a partir de la existencia de sus partes es igual que incluir lo definido en la definición. También creen que los que dicen que algo se halla o se ha hallado en un lugar se equivocan, pues la existencia del espacio no está unánimemente aceptada, y además implica asumir la existencia de los cuerpos físicos, que tampoco está demostrada (...). [123] También acusan a Hesíodo de falta de competencia para juzgar en materia de filosofía.

De este modo rebaten los razonamientos que demuestran la existencia del espacio. Después aportan más detalles de su inexistencia mediante los razonamientos que los dogmáticos consideran más sólidos, los de los estoicos y los de los peripatéticos.*

Los razonamientos contra los estoicos son excesivamente técnicos, de modo que paso directamente a los de los peripatéticos.

[131] (...) Los peripatéticos definen el espacio como el límite de lo que contiene, en cuanto que contiene. Por ejemplo, mi espacio es la capa de aire que envuelve mi cuerpo. Sin embargo, cabe aducir que si el espacio es eso, la misma cosa existirá y no existirá. Pues cuando el cuerpo está a punto de ocupar un espacio, y ya que nada puede ocupar lo que no existe, ese espacio debe existir de antemano para que el cuerpo pueda ocuparlo, y por ese motivo, el espacio existirá antes de que aparezca el cuerpo que ha de ocuparlo. Pero en tanto que el límite de lo que contiene se forma cuando envuelve a lo contenido, el espacio no puede existir antes de que lo ocupe un cuerpo, razón por la cual no existe hasta ese momento. Pero decir que una cosa existe y no existe a la vez es una falacia; por lo tanto, el espacio no es el límite de lo que contiene en cuanto que contiene.

[132] Además, si el espacio es algo, o tiene origen o no lo tiene. Si como dicen, el espacio empieza a existir al envolver los cuerpos, no se puede afirmar que no tenga origen. Sin embargo, tampoco

puede afirmarse que lo tenga, pues si lo tiene, se genera o bien cuando lo ocupa un cuerpo físico, o bien cuando no lo ocupa un cuerpo físico.

[133] No es cuando lo ocupa, pues en ese caso el espacio ocupado por el cuerpo físico ya existía de antemano. Pero tampoco es cuando no lo ocupa el cuerpo físico, si como dicen lo que contiene envuelve a lo contenido y así es como se origina el espacio y nada puede envolver a lo que no contiene. Así, si el espacio no se origina ni cuando lo ocupa un cuerpo físico ni cuando no lo ocupa, y si más allá de estas no es posible ya concebir más alternativas, entonces el espacio no tiene origen. Y si ni tiene origen ni no lo tiene, entonces no existe (...).

[135] Es posible aducir muchas más razones, pero con objeto de no alargar el razonamiento en exceso, apuntaremos lo siguiente: los escépticos dudamos tanto a causa de los razonamientos como a causa de la experiencia.[9] Por eso, no nos inclinamos por los unos ni por la otra (una vez examinado lo que dicen los dogmáticos), sino que suspendemos el juicio acerca del espacio.

6

ESCEPTICISMO Y ÉTICA

Sexto dedica muy pocas páginas a la ética y se centra solo en dos temas: si hay cosas buenas o malas (o indiferentes) por naturaleza, cuestión que hoy en día podríamos formular con la pregunta «¿Existen los valores objetivos?»; y si, como piensan los estoicos, existe una técnica (tech-né) o método sistemático para vivir éticamente. Incluyo tan solo los razonamientos principales del primer tema.

LA DIMENSIÓN ÉTICA DE LA FILOSOFÍA

[168] Nos queda aún por tratar lo tocante a la ética, que se ocupa de distinguir entre lo admirable, lo malo y lo indiferente. Seremos breves y anali-

zaremos la realidad de las cosas buenas, malas o indiferentes, exponiendo antes cómo concebimos cada una de ellas.

Omito la parte de los conceptos y ofrezco a continuación el razonamiento principal.

LA EXISTENCIA DE COSAS BUENAS, MALAS O INDIFERENTES POR NATURALEZA

[179] Todo el mundo está de acuerdo en que el fuego, que produce calor por naturaleza, es una fuente de calor. Lo mismo sucede con la nieve, que enfría por naturaleza, y todo el mundo concuerda con esto también. Todo aquello que por su propia naturaleza produce un efecto, lo produce de la misma manera para todos los que están, como se suele decir, en un estado natural. Sin embargo, demostraremos que nada de lo que se considera bueno le parece bueno a todo el mundo, de lo que se deduce que lo bueno por naturaleza no existe.

Que nada de lo que se tiene por bueno produce el mismo efecto en todo el mundo es, según dicen, evidente. [180] Si dejamos de lado al vulgo —donde encontraremos a personas que creen que lo bueno es estar en buena forma física, a otras que creen que lo bueno es el sexo, a otras que aseguran que lo bueno es comer, beber, apostar, enriquecerse o incluso cosas peores—, incluso entre los filósofos hay quienes dicen que existen tres tipos de cosas buenas. Tal es el caso de los peripatéticos: unas atañen al alma, como las virtudes; otras atañen al cuerpo, como la salud y demás; y otras son externas, como los amigos, la riqueza, etcétera.

[181] También los estoicos apuestan por una tríada en lo tocante a las cosas buenas: unas atañen al alma, como las virtudes; otras son externas, como el hombre recto y el amigo; y otras no son ni lo uno ni lo otro, como la relación del hombre honesto consigo mismo. Sin embargo, las cosas relativas al cuerpo que los peripatéticos consideran buenas, los estoicos no las consideran como tales. Y aunque algunos ven en el placer algo bueno,

otros, por el contrario, lo consideran malo, hasta el punto de que uno de ellos llegó a exclamar «¡Antes la locura que el placer!».[1]

[182] Por lo tanto, si todo cuanto produce por naturaleza un efecto lo produce de igual manera para todos, y en cambio las cosas llamadas buenas no producen el mismo efecto en todos, entonces debemos concluir que nada es bueno por naturaleza. De hecho, a causa de la equivalencia de los razonamientos, no podemos ni dar crédito a todos los puntos de vista que acabamos de ver, ni a uno solo en exclusiva. Ciertamente, la persona que diga que hay que confiar en un punto de vista pero no en otro se convierte en parte de la disputa, ya que se le oponen los razonamientos de todos aquellos que tienen opiniones contrarias, y por eso necesitará (tanto como los demás) alguien que le juzgue y no podrá erigirse él en juez de los otros. Y visto que no existe criterio común o demostración, y dada la disputa sin resolución vigente en estos asuntos, optará por suspender el juicio y se abstendrá de afirmaciones

categóricas acerca de qué cosas son buenas por naturaleza.

Tras unos cuantos razonamientos complejos sobre el tema, Sexto pasa de lo bueno a lo malo:

[190] (...) De lo que acabamos de ver acerca de lo bueno se deduce que tampoco existen cosas malas por naturaleza. En efecto, lo que unos consideran malo otros lo consideran bueno, por ejemplo, la lascivia, la injusticia, la avaricia, la falta de moderación, etcétera. Por lo tanto, si lo que es de una determinada manera por naturaleza tiene el mismo efecto en todo el mundo, pero las cosas que se consideran malas no lo tienen, entonces solo podemos concluir que no existen cosas malas por naturaleza.

Sexto incluye a continuación un razonamiento en el que demuestra que tampoco existen las cosas indiferentes por naturaleza, pero no lo incluyo aquí porque está estrechamente relacionado con los razonamientos de los estoicos acerca de las cosas indiferentes de las páginas anteriores, que he omitido. Después, tras una breve crítica del punto de vista epicúreo de que el placer es bueno por naturaleza, se detiene en un análisis detallado de diversas actitudes éticas y costumbres culturales distintas, muy similar a lo visto en el último de los diez modos (145-163, capítulo 2). Los siguientes párrafos cierran el capítulo de la ética.

[235] Como decíamos, el escéptico, ante la incoherencia general en lo referente al comportamiento, suspende el juicio acerca de lo que es bueno o malo por naturaleza, y en general de cómo deben comportarse las personas (pues también en este aspecto se aleja cuanto puede de la arrogancia de los dogmáticos), y sigue una forma de vida libre de opiniones, que le brinda la serenidad en cuanto a las reacciones que estas provocan y la moderación en cuanto a lo inevitable del sufrimiento que nos es impuesto como seres humanos.[2] [236] Como persona capaz de sentir, es asimismo capaz de sufrir, pero al haberse liberado de la opinión de que

el sufrimiento sea una reacción mala por naturaleza, sufre de manera moderada. Y es que la opinión adicional de que el sufrimiento es una reacción mala por naturaleza es peor que el propio sufrimiento. A veces pasa que quienes tienen que sufrir una operación o algo semejante lo soportan mejor que quienes vienen a atenderle, que flaquean porque en su opinión lo sucedido es algo malo.

[237] De hecho, las personas que opinan que hay cosas buenas o malas por naturaleza, o en general aceptables o reprochables, se angustian de diversas maneras. Cuando les acaece aquello que consideran malo por naturaleza se sienten castigados por el destino, pero cuando logran aquello que les parece bueno por naturaleza se apodera de ellos una turbación extraordinaria que se debe tanto a la soberbia como al temor de perder lo conseguido con tanto afán, como a la preocupación de que les suceda de nuevo lo que consideran malo por naturaleza. [238] (...). De lo dicho hasta ahora se deduce que si lo que produce sufrimiento es malo y debe evitarse, y que si la opinión de que hay cosas

buenas y malas por naturaleza produce sufrimiento, entonces la única conclusión posible es que la creencia y la opinión de que hay cosas buenas y malas por naturaleza es mala y debe evitarse.

Por ahora no añadiremos más acerca de lo bueno, lo malo y lo indiferente.

El resto del libro III se dedica a analizar si existe un arte de vivir, su otro tema ético principal.

Para terminar, incluyo a continuación un breve pasaje de Contra los éticos (M XI) *que trata sobre la existencia de cosas buenas o malas por naturaleza. Al final, Sexto añade dos objeciones a la propia filosofía escéptica:*

[162] (...) En consecuencia, debemos despreciar a quienes tienen la opinión de que los escépticos somos seres apáticos e incoherentes. [163] Apáticos porque, dado que la vida es un constante elegir y evitar cosas, la persona que ni elige ni evita renuncia de hecho a la propia vida y se queda plantada[3] como un vegetal. [164] Incoherentes porque si

caen bajo el yugo de un tirano que les obliga a cometer atrocidades, o bien se negarán a obedecer y elegirán con ello la muerte de manera voluntaria, o bien obedecerán para evitar la tortura y ya no estarán, como decía Timón*, «vacíos de rechazo y elección», sino que optarán por una cosa y rehuirán la otra, que es precisamente lo que hacen quienes opinan que la vida consiste en elegir y rechazar. [165] Quienes así piensan, no comprenden, por supuesto, que los escépticos no vivimos según el razonamiento filosófico (pues en este aspecto somos inactivos), sino conforme a una práctica no filosófica que nos permite elegir unas cosas y rechazar otras. [166] Y si un tirano nos obligara a cometer atrocidades, elegiríamos una opción y rechazaríamos la otra, guiados por un preconcepto basado en nuestras leyes y costumbres ancestrales, y de hecho soportaríamos mejor el trance que los dogmáticos, pues, a diferencia de ellos, no tenemos opiniones añadidas que nos aporten más sufrimiento que el que produce la situación[4] en sí misma.

GLOSARIO

Afirmar categóricamente/declarar con firmeza: ver *Insistir*.

Apariencia, Aparente (*phantasia*, *phainomenon*): la forma en que los fenómenos se presentan a los sentidos en cualquier ocasión concreta es su «apariencia» o su «forma aparente». Los ejemplos pueden ser: que hoy hace un día soleado; que la miel que hemos untado en la tostada sabe dulce; que llevamos en el bolsillo 2,56 euros... Al afirmar la «apariencia» de las cosas no nos comprometemos específicamente con el hecho de que tal apariencia coincida con su naturaleza o con la realidad. Al suspender el juicio acerca de la verdadera naturaleza de las cosas, Sexto no tenía problema alguno con las «apariencias» en la vida cotidiana.

Aprehender, captar (*katalambanein*): la voz griega se refiere al acto físico de agarrar (o «pillar») o aferrarse a algo, pero también puede referirse a la idea de captar, aprehender (o «pillar») algo de manera intelectual. En este sentido, «captar o aprehender» algo es conocerlo con certeza, sin posibilidad de error. Los estoicos fueron los primeros en utilizar el término, pero parece que en época de Sexto había pasado a formar parte de la jerga filosófica corriente. Como es natural, Sexto jamás se atrevería a afirmar haber «captado» algo. Para él, «captar o aprehender» las cosas es una práctica propia de los dogmáticos. Hay un pasaje en los *Esbozos* (II:10, al final de mi capítulo 3) donde coquetea con una idea más amplia del término según la cual tan solo significa «opinar», pero esto se debe a que el significado habitual de la palabra ha tenido terribles consecuencias para los dogmáticos.

Doctrina/Dogma (*dogma*): punto de vista definitivo de un dogmático (ver *Dogmático*) sobre la naturaleza de las cosas. En cierto momento, Sexto admite que la palabra *dogma* puede usarse en un sentido más amplio y solo se refiere a una impresión con la que estamos de acuerdo (I:13, capítulo I). Sin embargo, por lo general, Sexto lo utiliza en el sentido más potente, en la línea de cómo lo usan otros autores. Hay quien trata de unir los dos sentidos traduciendo *dogma* por «creencia». Sin embargo, la palabra *creencia* carece de la habitual potencia semántica del término. Por este motivo, mi elección es *doctrina*, si bien debo reconocer que no es el término más adecuado para la única vez en que aparece el sentido más débil. Ver nota en I:13.

Dogmático (*dogmatikos*): alguien que pretende conocer la naturaleza real de las cosas, al menos en ciertas materias. La corriente filosófica recibe el nombre de *dogmatismo*.

Insistir (*diabebaiousthai*): hacer afirmaciones sobre algo con espíritu dogmático, es decir, con la seguridad de que uno ha captado cómo son las cosas en realidad. A veces traduzco el término por «afirmar categóricamente» o «declarar firmemente»; otras veces recurro a «comprometerse con algo» u otras expresiones parecidas.

Opinión (*doxa*): una «opinión» es un compromiso con una postura definitiva, pero no adecuadamente fundamentada sobre cómo son las cosas.

Poner entre paréntesis (*perigraphein*): es la práctica de meter un fragmento de texto entre paréntesis que utilizaban los eruditos antiguos para indicar que en su opinión dicho fragmento no era correcto y había que eliminarlo. Los intelectuales recientes han descubierto que la práctica coincide con el sentido metafórico que Sexto le da al término. «Poner entre paréntesis» significa de hecho «anular».

Serenidad (*ataraxia*): el término se construye con la palabra que significa «turbación» o «molestia» (*tarajé*) y el prefijo negativo *a-*, y significa, por lo tanto, un estado libre de ansiedad o preocupaciones.

GALERÍA DE PERSONAS QUE APARECEN EN EL TEXTO

Esta lista no incluye a la mayoría de las personas y grupos mencionados en los Diez Modos (capítulo 2). En muchos casos tenemos escasa o nula información acerca de ellos y por lo general su identidad es poco relevante en relación a las ideas que Sexto desarrolla.

Académicos: miembros de la Academia, escuela fundada por Platón, que se mantuvo activa hasta principios del siglo I a. C. Desde mediados del siglo III hasta su fin, adoptó posiciones que pueden considerarse escépticas, si bien su escepticismo difiere del de Sexto. Sexto insiste en que, según su definición del término, los académicos no son escépticos en absoluto (ver I: 1-4), una postura que es controvertida.

Anaxágoras: (*circa* 500-428 a. C.), uno de los primeros filósofos *físicos*.

Aristipo de Cirene: discípulo de Sócrates. Por lo general se le considera el fundador de la escuela cirenaica, que ponía énfasis en la consecución del placer, especialmente el físico, y desautorizaba todo conocimiento que no procediese de la experiencia directa.

Aristóteles: (384-322 a. C.), discípulo de Platón que acabó fundando su propia escuela, el Liceo (también llamada escuela peripatética). Es posiblemente el filósofo más influyente de la historia.

Carneades: (214-129 a. C.), director de la Academia desde la mitad del siglo II a. C. hasta su jubilación en el año 137. Fue el académico más importante durante el período escéptico de la institución (ver *Académicos*).

Crisipo: (*circa* 280/208 a. C.), tercer director de la escuela estoica (ver *Estoicismo*), figura central del estoicismo.

Clitómaco: (187/186-110 a. C.), nacido en Cartago con el nombre de Asdrúbal, fue discípulo de Carneades, conocido por conservar sus ideas. Dirigió la Academia desde 127/126 hasta su muerte.

Crates de Tebas: (*circa* 368-*circa* 283), filósofo cínico, discípulo de Diógenes de Sinope (ver *Diógenes*).

Cronos: padre de Zeus.

Diógenes: la filosofía griega cuenta con varios Diógenes, pero el que menciona Sexto es casi con seguridad Diógenes de Sinope (*circa* 410-*circa* 324/321 a. C.), considerado el fundador del cinismo, una corriente radicalmente anticonvencional y *naturista* de pensamiento y estilo de vida.

Epicuro de Samos: (341-270 a. C.), fundador de la escuela que lleva su nombre, cuyas creencias centrales son el atomismo y el hedonismo (si bien concibe la forma más excelsa de placer como ausencia de dolor).

Estoico: ver *Estoicismo*.

Estoicismo: principal corriente filosófica griega entre los siglos III y I a. C. Se mantuvo completamente vigente durante los primeros siglos de la era cristiana. El estoicismo proclama la existencia de un dios providencial que impregna el mundo y propone el ideal de la perfección de la razón y la virtud, encarnadas en la figura del sabio intelectual y moralmente infalible. La escuela recibe su nombre de la *Stoa poikilê* o «pórtico pintado» de Atenas, donde Zenón de Citio, su fundador, impartía sus enseñanzas.

Hiparquía: discípula y posteriormente esposa de Crates de Tebas. No se conoce su nacimiento con exactitud, pero lo más probable es que fuera más joven que él. Abrazó plenamente el estilo de vida cínico. Siempre se la consideró más ofensiva que el resto de los cínicos por ser mujer.

Peripatéticos: ver *Aristóteles*.

Platón: (*circa* 424-347 a. C.), discípulo de Sócrates, autor de diálogos filosóficos y fundador de la Academia. Platón es el primer pensador griego en acotar claramente los límites de la filosofía como materia específica de estudio.

Pirrón de Elis: (*circa* 360-*circa* 270), considerado el fundador del escepticismo pirroniano. No escribió ningún tratado, pero su discípulo Timón el Silógrafo, también llamado Timón de Fliunte (ver Timón el Silógrafo), recogió su legado filosófico.

Timón el Silógrafo o Timón de Fliunte: (*circa* 320-230 a. C.), discípulo y biógrafo de Pirrón de Elis (ver *Pirrón de Elis*). Probablemente todo lo que sabemos, o creemos saber, acerca de Pirrón procede de sus escritos, que han llegado hasta nosotros de manera fragmentaria o por referencias secundarias.

NOTAS

INTRODUCCIÓN

1. Estas referencias confieren al libro de los *Esbozos* un número romano y a la sección uno arábigo. Estas breves secciones numeradas, normalmente de un par de frases de longitud, son habituales en todas las ediciones de la obra de Sexto y están señaladas en mi traducción.

2. «Opinión» en este contexto tiene la connotación de que el punto de vista en cuestión no está adecuadamente contrastado. En este sentido, decir que algo es una «opinión» es a todos los efectos una crítica (parecida al sentido que damos hoy en día a la expresión «Eso es solo tu opinión»). Dado que eso es lo que Sexto afirma de todo «dogmatismo», para él no existe diferencia real entre ambos términos. Otros filósofos, en cam-

bio, tienen un punto de vista más favorable sobre el dogmatismo.

3. La división de los capítulos es mía. Consultar la Nota sobre la traducción.

4. Es lícito pensar que esta afirmación es improcedente. ¿No es la idea de que la suspensión del juicio conduce a la serenidad una forma de dogmatismo? Lo más probable es que Sexto respondiera diciendo que esa ha sido su experiencia hasta el momento (atención a la expresión «hasta ahora» en I:25). Sexto no afirmaría que esto vaya a ser así *siempre*. No obstante, sí parece estar seguro de la conexión entre suspensión del juicio y serenidad, de modo que dudar de la coherencia de semejante actitud en un escéptico es, como mínimo, natural. Independientemente de ello, creo que las razones del autor en el texto principal son exageradas.

5. Este es uno de los objetivos de Sexto, como lo demuestra su comentario acerca de que los escépticos son personas de «excelente educación» y tienen «más experiencia» que el resto de los filósofos (*M* I:5, en el párrafo final del capítulo 1).

CAPÍTULO 1

1. Ver [25]-[30] más adelante.

2. Aquí nos encontramos con un cierto problema de traducción. La palabra griega *dogma* significa sobre todo «doctrina» o «teoría», pero también puede referirse, como en este caso, solamente al *parecer* de alguien con respecto a algo (del verbo *dokeô*, «parecer»), acepción que no concuerda con el significado de la palabra *doctrina*. Sexto llama la atención sobre esta ambigüedad y señala que en este sentido amplio sí podríamos afirmar que el escéptico sigue un «dogma». Ver el Glosario.

3. «Nada es más» es la abreviatura de la expresión «nada es más que otra cosa», que expresa la suspensión del juicio entre alternativas opuestas. Para mayor claridad, he añadido entre corchetes estas u otras palabras equivalentes que no aparecen en el original griego en las otras dos ocasiones en que aparece la fórmula «no más», [188]-[191], capítulo 3.

4. Ver [13].

5. Es decir, un razonamiento que adoptaría una persona no escéptica sobre la verdadera naturaleza de la miel basándose en su sabor.

6. Es decir, lo que en [6] se denomina «explicación específica». Este criterio se analiza en el libro 2 (en un capítulo que no he incluido en esta edición).

7. Es decir, lo contrario de aceptar estas cosas por compromiso teológico (o cualquier otro tipo de compromiso intelectual).

8. Este pasaje ligeramente adaptado procede de *Contra los dogmáticos*, con traducción, introducción y notas de Richard Bett, Oxford University Press, Oxford, 2018.

CAPÍTULO 2

1. La palabra griega es *idiosynkrasias* («idiosincrasias»), un término médico que alude a la proporción individual de humores que contiene el cuerpo de cada persona.

2. Una dracma es la octava parte de una onza.

3. Es decir, miembro de la escuela médica fundada por Herófilo.

4. Es decir, Homero (*La Odisea*, 14:228).

5. Eurípides, *Fenicias* 499-500. La siguiente cita es de fuente desconocida.

6. Es decir, que cada parte de un cuerpo, por pequeña que sea, está compuesta igual que el todo al que pertenece. Este era un punto de vista válido antes del advenimiento de la química moderna.

7. Es decir, ni bueno ni malo.

8. Túnica de una sola manga que solían vestir los esclavos.

9. Deporte de combate sin reglas. La etimología sugiere un significado del estilo «todo vale».

10. Es decir, algo perteneciente a una etapa anterior del razonamiento, cuya función es ayudar a demostrar la conclusión que se persigue.

CAPÍTULO 3

1. He cambiado los ejemplos para hacerlos más accesibles al lector moderno.

2. Es decir, que ninguna de las dos alternativas (opuestas) tiene más valor que la otra.

3. Esto es francamente confuso, ya que Sexto pertenecía a la escuela médica empírica. Las palabras «esta forma de empirismo» quizá tuvieran que ver con desacuerdos en el seno de la escuela, pero no tenemos datos sobre los debates internos de

las escuelas médicas o entre ellas como para estar seguros de lo que quiere decir el autor. La escuela que Sexto considera más próxima al escepticismo (al menos en ciertos aspectos) es la metódica. La escuela metódica defendía que las enfermedades se deben al exceso de contracción o relajación (o una combinación de ambas) en el cuerpo, y que esos estados, y por lo tanto el tratamiento adecuado para ellos, son directamente observables.

4. Ver [23]-[24] en el capítulo 1.

5. Una notable diferencia, por supuesto, es que mientras que los escépticos se preocupan de lo que les sucede a ellos, los médicos de la escuela metódica se preocupan por los síntomas del paciente.

6. Se refiere a los dogmáticos, no a los escépticos.

7. En el texto original se mencionan dos teoremas. El primero no aparece en ninguna otra fuente, y su versión latina es inaccesible porque el manuscrito está estropeado. El segundo proviene de la lógica estoica. En cualquier caso, nos encontramos exactamente en la situación a la que alude el autor.

8. Esta «apariencia que capta la realidad» es un concepto básico de la teoría estoica del conoci-

miento. Los matices son más bien controvertidos, pero la idea central es que la apariencia que capta la realidad tiene garantías de ser cierta.

9. Las creencias básicas del epicureísmo, a las que se opone el estoicismo. (La expresión «La materia es divisible» se refiere a la teoría atómica epicúrea. Los estoicos defienden que la materia es continua.)

10. Ver I:13, capítulo 1.

CAPÍTULO 4

1. Se parecen mucho a la categoría de los «no evidentes por completo». La diferencia radica en la «experiencia» y la «aprehensión». Los objetos pertenecientes a la categoría «no evidentes por completo» no puede captarse (es decir, aprehenderse) de ninguna forma, mientras que los de la categoría «no evidentes por naturaleza» sí (según los dogmáticos, por supuesto), aunque no por observación directa, sino por inferencia a través de otro objeto.

2. Es decir, los poros solo pueden percibirse por medio del intelecto porque son demasiado pequeños para percibirlos por los sentidos.

3. Dado que hemos percibido humo muchas veces en nuestra vida, su mera visión nos hace pensar (es decir, nos evoca, según la terminología precisa) en el fuego, aunque este no se encuentre en nuestro campo de visión.

4. Sexto usa aquí la misma palabra (*hupomimnêiskô*) que acaba de presentar para aludir al tipo de signo que le satisface.

5. Sexto actúa con respecto al término *captar* con la misma astucia de la que acusa a los dogmáticos al principio del libro II (ver el final del capítulo anterior). Evidentemente, la *idea* de signo implica la *idea* de la cosa significada por él; en este sentido, ambas se «captan al mismo tiempo» o la una se entiende en relación con la otra. Sexto se equivoca al afirmar que la cosa significada tiene que ser tan inmediatamente aparente como el signo. Los signos son observables y señalan la existencia de algo no observable. La premisa de que las ideas de signo y cosa significada están interrelacionadas no invalida ese concepto. Este razonamiento de dudosa validez se extiende también al siguiente párrafo.

6. De nuevo nos encontramos con la misma terminología utilizada para el signo evocativo (ver nota 4). La traducción «evocativo» no funciona en

este caso, pues supondría que las dos alternativas son válidas. Sexto, como siempre, opera al nivel de cómo percibimos las cosas. Lo que realmente quiere hacernos notar son *impresiones* igualmente forzosas de la existencia e inexistencia de los signos, que nos llevarán a abandonar cualquier conclusión sobre lo que es realmente cierto.

7. Ver nota 6.

8. Como hace en la previa discusión sobre la demostración.

9. Los indemostrables son los patrones de razonamiento básico como por ejemplo «Si A es B y C es A, entonces C es A». Al ser los más básicos, su veracidad no puede demostrase, de ahí su nombre. Sirven como base para otros tipos de razonamiento.

10. Por ejemplo, si tras observar gran cantidad de animales, concluimos que «todos los animales mueven la mandíbula inferior» sin haber comprobado qué hace el cocodrilo. Ver [195].

11. Este pasaje ligeramente adaptado procede de *Contra los lógicos*, con traducción, introducción y notas de Richard Bett, Cambridge University Press, Cambridge, 2005.

CAPÍTULO 5

1. La palabra griega para «principio» y «comienzo» es la misma (*arjé*). Sexto nos toma el pelo con un juego de palabras (lo repite al principio del libro sobre geometría de *Contra los dogmáticos*, *M* III:1).

2. La religión griega reconocía una gran multitud de dioses, a menudo en conflicto unos con otros. Los filósofos, aunque reconocían numerosas divinidades, tendían a concebir lo divino como unidad de carácter y propósito. Tiene sentido que Sexto hable de dioses al hablar de sus creencias religiosas, pero utiliza el singular para discutir los puntos de vista de los dogmáticos.

3. Nombre que se utilizaba para referirse a personas indeterminadas como nuestro Fulano, Mengano y Zutano.

4. Respectivamente, concepciones estoicas y epicúreas de dios.

5. En la discusión sobre la demostración del libro II (que no he incluido en esta edición). No obstante, se dice lo mismo de los signos en II:125; ver la nota 5 del capítulo 4 (el razonamiento es tan poco sólido como aquí).

6. Este pasaje ligeramente adaptado procede de *Contra los físicos*, con traducción, introducción y notas de Richard Bett, Cambridge University Press, Cambridge, 2012.

7. El lugar de las cosas pesadas por naturaleza (por ejemplo, la tierra) está abajo; el lugar de las cosas ligeras por naturaleza (por ejemplo, el fuego) está arriba. Aristóteles, por ejemplo, se refiere a ello de forma explícita.

8. Verso de la *Teogonía* de Hesíodo (V. 116), de ahí que se le mencione más adelante en [123]. El caos es el espacio vacío primigenio a partir del cual se crea el mundo.

9. La experiencia se usa en [120] para defender la existencia del espacio. «Los razonamientos» a los que se refiere son los de sus oponentes. A los escépticos les preocupa cualquiera de los dos casos, pues ambos les convencen, pero no tanto como para tomar partido por uno.

CAPÍTULO 6

1. Según otras fuentes, este filósofo sería Antístenes, uno de los discípulos de Sócrates.

2. Comparar con la discusión acerca de la finalidad del escepticismo en I:25-30 (capítulo 1).

3. La palabra griega para «quedarse plantado» (*epeichen*) es la misma que para «suspender el juicio». El rival imaginario de Sexto le intenta tomar el pelo con un juego de palabras.

4. Este pasaje ligeramente adaptado procede de *Contra los éticos*, con traducción, introducción y notas de Richard Bett, Oxford University Press, Oxford, 1997.

LECTURAS COMPLEMENTARIAS

EDICIONES DE SEXTO EMPÍRICO EN GRIEGO

La edición de los textos originales de Sexto utilizados en este libro es la del siglo XX publicada por Teubner con el título de *Sexti Empirici Opera* [Obras de Sexto Empírico]. Están disponibles en versión impresa y electrónica en https://www.degruyter.com.

El volumen I, editado por H. Mutschmann y revisado por J. Mau (Teubner, Leipzig, 1958), contiene los *Esbozos pirronianos*.

El volumen II, editado por H. Mutschmann (Teubner, Leipzig, 1914), contiene los fragmentos que se conservan de los *Tratados escépticos*, es decir, *Contra los lógicos*, *Contra los físicos* y *Contra los éticos*.

El volumen III, editado por J. Mau (Teubner, Leipzig, 1961) contiene *Contra los dogmáticos*.

Existe un cuarto volumen que contiene los índices recopilados por K. Janáček, posteriormente reemplazado por una versión revisada:

JANÁČEK, K., *Sexti Empirici Indices* [Índices de Sexto Empírico], editio tertia completior, Leo S. Olschki Editore, Florencia, 2000.

TRADUCCIONES DE SEXTO EMPÍRICO

La mejor traducción al inglés de los *Esbozos pirronianos* completos es *Outlines of Scepticism* [Esbozos del escepticismo], traducción, introducción y notas de J. Annas y J. Barnes, Cambridge University Press, Cambridge, 1994; 2.ª edición con nueva introducción de 2000.

Existen traducciones del resto de la obra de Sexto (una selección de fragmentos se incluye en el presente volumen), por ejemplo:

Against the Logicians [Contra los lógicos], traducción, introducción y notas de Richard Bett, Cambridge University Press, Cambridge, 2005.

Against the Physicists [Contra los físicos], traducción, introducción y notas de Richard Bett, Cambridge University Press, Cambridge, 2012.

Against the Ethicists [Contra los éticos], traducción, introducción y comentario de Richard Bett, Oxford University Press, Oxford, 1997.

Against those in the Disciplines [Contra los dogmáticos], traducción, introducción y notas de Richard Bett, Oxford University Press, Oxford, 2018.

ESTUDIOS ACERCA DE SEXTO EMPÍRICO Y EL ESCEPTICISMO ANTIGUO

Un estudio accesible, de calidad y relativamente reciente sobre el escepticismo en la filosofía grecorromana es:

THORSRUD, H., *Ancient Scepticism* [Escepticismo antiguo], University of California Press, Berkeley, Los Ángeles, 2009.

Para los lectores que dominan el francés, otro excelente estudio es:

MARCHAND, S., *Le scepticisme: vivre sans opinions* [El escepticismo: vivir sin opiniones], Vrin, París, 2018.

Un estudio de la tradición pirroniana anterior a Sexto Empírico es:

Bett, R., *Pyrrho, His Antecedents, and His legacy* [Pirrón, antecedentes y legado], Oxford University Press, Oxford, 2000.

Los siguientes volúmenes son una serie de ensayos acerca de Sexto, el pirronismo y otras corrientes escépticas en la filosofía grecorromana y (en ciertos casos) el escepticismo en la filosofía más reciente:

Bett, R. (ed.), *The Cambridge Companion to Ancient Scepticism* [Guía Cambridge del escepticismo antiguo], Cambridge University Press, Cambridge, 2010.

Bett, R., *How to be a Pyrrhonist: The Practice and Significance of Pyrrhonian Skepticism* [Cómo ser un pirroniano: la práctica y el significado del pirronismo], Cambridge University Press, Cambridge, 2019.

Burnyeat, M., y M. Frede (eds.), *The Original Sceptics: A Controversy* [Los escépticos originales: una controversia], Hackett Publishing, Indianápolis, Cambridge, 1997.

Machuca, D. (ed.), *New Essays on Ancient Pyrrhonism* [Nuevos ensayos sobre el pirronismo antiguo], Brill, Leiden/Boston, 2011.

Machuca, D. (ed.), *Pyrrhonism in Ancient, Modern and Contemporary Philosophy* [El pirronismo en la filosofía antigua, moderna y contemporánea], Springer, Dordrecht/Heidelberg/Londres, 2011.

Machuca, D., y B. Reed (eds.), *Skepticism: from Antiquity to the Present* [El escepticismo desde la antigüedad hasta hoy], Bloomsbury, Londres/Nueva York, 2018.

Estos títulos son solo una pequeña selección de la bibliografía disponible. Todos ellos contienen su propia bibliografía adicional.